Pour une écologie de la guérison

Pr Nathalie Julien

Pour une écologie de la guérison

Accédez librement à votre énergie

Éditeur : BoD-Books on Demand
12-14 rond-point des Champs-Élysées, 75008 Paris
Impression : Books on Demand, Norderstedt, Allemagne

ISBN : 978-2-3221-8830-7
Dépôt légal : Février 2020

Soyez à vous-même votre propre lumière

Bouddha

Merci à mes fils Arthur et Ernest qui ont toujours été mon plus bel ancrage,

Merci à Jean Marc, shamanic drummer qui fait battre mon cœur et vibrer mon corps,

Merci à Hélène ma sœur de cœur pour la beauté de notre amitié et la qualité de nos échanges qui ont permis de faire émerger l'idée des cercles de vie,

Merci aux participants des cercles et à tous ceux qui m'ont encouragée, motivée et soutenue pour ce projet ainsi que ceux qui, volontairement ou involontairement, m'ont donné la matière de cet ouvrage,

Merci à mes parents qui, malgré eux, m'ont donné la vie et m'ont appris la résilience, et à mes ancêtres dont le souffle m'a portée,

Merci à la petite Thérèse qui a accompagné chaque mot,

Merci à la vie pour me permettre de vivre pleinement chaque jour !

Alice au pays du new age

« - Allo, Nathalie ?
- Oui ?
- C'est A., on s'est rencontrés au stage de chamanisme.
L'homme qui me parle était comme moi participant à ce stage il y a
plus de 6 mois. Dès que je suis entrée dans la pièce, il m'avait paru
antipathique. Il faut dire qu'il pérorait en insistant sur le fait qu'il était
très puissant, persuadé de « savoir » mieux que les autres sans même
s'attarder à les écouter.
- Je t'appelle, continue-t-il, pour te dire que ta vie ne va pas bien.
Là, je suis scotchée. J'arrive tout de même à répondre calmement.
- Ma vie va très bien, je n'ai même jamais été aussi heureuse, d'ailleurs
je suis amoureuse d'un homme magnifique et notre relation est très
belle, mes enfants vont bien, je suis en pleine santé et mon travail me
passionne.
- Non, ta vie ne va pas, insiste-t-il, ta relation va s'arrêter bientôt et il
y a des énergies très négatives dans ta maison, à tel point que ton âme
m'a appelé au secours. Il faut que je passe chez toi pour nettoyer tout
ça. »
Aussitôt je me demande pourquoi mon âme aurait eu le mauvais goût
de choisir cet homme en particulier pour m'aider... Je le laisse dérouler
un discours confus, péremptoire, mêlant tous les mots à la mode sans
en maîtriser les concepts, dans le but de me convaincre que j'ai besoin
de son aide. Finalement je lui dis que je ne suis pas intéressée par sa
proposition et je raccroche, perplexe.

J'ai rencontré beaucoup d'abus de pouvoir aussi bien dans ma vie
professionnelle que dans ma vie privée, celui-ci était d'un nouveau
genre pour moi, l'abus spirituel. J'aurais été fragile, j'aurais douté,
j'aurais été malade ou perdue, j'aurais sûrement accepté sa

proposition et je me serais retrouvée dépendante de ses certitudes ; j'aurais peut-être même douté de mon compagnon et ainsi mis en danger notre relation naissante. C'était il y a plus de 5 ans et ma vie a continué à aller de mieux en mieux, y compris avec mon compagnon. Cependant j'ai rencontré d'autres abuseurs et certaines de leurs victimes. Au début, cela me mettait en colère. A présent, je sais que si de tels abus existent, c'est parce que nous abdiquons notre responsabilité face à notre bonheur ou notre santé, c'est parce que nous sommes souvent tentés de croire que quelqu'un va nous sauver, ou que le dernier produit miracle va résoudre notre problème. Et si nous succombons au chant des sirènes, c'est bien parce que toute notre société est construite dans ce sens de la consommation, de la manipulation et de la déresponsabilisation. Le bien-être et le développement personnel est un marché florissant, il n'y a donc aucune raison de ne pas y trouver les dérives et les excès communs à notre mode de vie. Peu à peu ma colère s'est calmée et j'ai compris que se faire abuser pouvait aussi faire partie du chemin pour certains, comme une prise de conscience salutaire ; la seule réponse efficace aux marchands du temple est d'accompagner les personnes qui veulent s'interroger pour retrouver leur pouvoir intérieur.

Nous n'avons pas besoin d'acheter quoi que ce soit pour être heureux ou pour être en santé et ceux qui veulent nous faire croire le contraire ont quelque chose à vendre

---

Ce livre est donc né de ce constat : il y aura toujours quelqu'un pour nous manipuler si nous le laissons faire. Cela n'a qu'un seul but, soyons clairs, et il est bien moins humanitaire que tous les beaux discours qui déferlent, c'est uniquement pour nous vendre quelque chose. Ma réponse est donc simple : **ne rien acheter !**

N'étant pas professionnelle du bien-être bien que praticienne, je vous propose une démarche, un mode de vie tout autant qu'une réflexion, où notre santé et notre équilibre ne se monnayent pas. A l'heure où on parle de sobriété et de décroissance, je suis surprise de l'inflation des dépenses autour des médecines complémentaires et du développement personnel. On parle d'écologie dans tous les domaines, énergie, habitat, production mais cela ne s'appliquerait pas à quelque chose d'essentiel comme notre corps et notre santé ? Les mêmes personnes qui me sermonnent pour que je mange local n'hésitent pas à prendre l'avion pour aller faire un stage *new age* à l'autre bout du monde. En tant qu'auteur j'ai participé à des salons, des conférences et j'ai pu rencontrer des gourous de tous poils dont certains très en vogue qui m'ont donné toute la matière à cette réflexion et pour cela, je ne peux que les remercier ! N'allez pas croire que je n'ai rencontré que ceux-là, j'ai aussi rencontré des personnes magnifiques, simples et bienveillantes, qui en général ne cherchent pas à sauver qui que ce soit, ni à faire trop parler d'elles. On m'interroge souvent sur telle ou telle technique à la mode ou tel praticien qui clame ses vertus ; le public est perdu, je le comprends, il y a inflation. Alors, comment séparer le bon grain de l'ivraie ? Ce n'est pas à moi de vous répondre, je ne me place dans aucune chapelle, je ne suis pas même le tamis qui vous permettra de faire le tri, je préfère être celle qui vous propose un cheminement pour construire votre propre filtre.

Tu fais quoi ?

« - Tu fais quoi ? »
Je suis à une soirée de thérapeutes et c'est la troisième personne à me poser la question. A chaque fois j'ai beaucoup de mal à me définir uniquement par mes pratiques. Je préfèrerai qu'on me demande qui je suis, là, je pourrai répondre mais ce que je fais m'oblige à lister des techniques, expliquer, justifier et finalement une fois de plus raconter mon parcours atypique.

Ce qui m'étonne toujours chez de nombreux thérapeutes, c'est qu'alors qu'ils dénoncent souvent l'hyperspécialisation et le cloisonnement dans le système médical, ils reproduisent le même mode de fonctionnement tout en arguant qu'ils font de l'holistique. Ils réduisent leur pratique à leurs techniques, c'est-à-dire à des outils plutôt que de parler de leur méthode, de la synthèse qui rend ce qu'ils apportent unique. Ils éprouvent un tel besoin de reconnaissance du système même qu'ils repoussent qu'ils surchargent leurs cartes de visite de mots barbares qui noient encore plus leur message. Je suis originaire d'une région rurale où on parlait de guérisseur et de rebouteux. Sous prétexte de « sérieux », on enrobe cela à présent sous un alibi technique qui fait croire à une démarche scientifique et ceux qui déclament les noms les plus ronflants sont souvent ceux qui sont le plus en mal de cette reconnaissance. Or nous avons plutôt besoin de personnes qui écoutent nos besoins et qui soient aptes à choisir l'outil le plus adapté, sans nous abreuver de justifications. Lorsque j'appelle mon plombier parce qu'il y a une fuite chez moi, je ne lui demande pas d'apporter une clé de 10 ou une de 20, je fais confiance à cet artisan pour avoir à sa disposition les bons outils et pour être capable de savoir ceux qu'il doit mettre en œuvre pour répondre au problème. Et lorsque je lui demande ce qu'il fait, il est capable de me l'expliquer. Le public est perdu, à juste titre, quand on lui demande de choisir entre un sophrologue, un hypnothérapeute, un bioénergéticien, un kinésiologue... alors que tout ce qui l'intéresse, c'est d'être accompagné pour traverser une problématique concrète de sa vie. Surtout que ce découpage a un côté artificiel puisque les mêmes outils se retrouvent assez communément dans toutes ces pratiques.

Lorsqu'on fait le tour des techniques énergétiques sur l'ensemble de la planète, on se rend compte qu'il y a un noyau de pratiques universelles qui se trouvent être les plus simples et les plus efficaces : techniques respiratoires, techniques de toucher, méditations, visualisations, mouvements du corps...

Alors pourquoi inventer de nouveaux mots pour des pratiques anciennes ? Pour vendre, bien sûr !

Je suis énergicienne

Je suis à Belle Isle en mer, on est en 2005, j'ai 41 ans. Je suis mariée avec un homme avec lequel je vis une relation fusionnelle depuis plus de 20 ans et nous avons deux jeunes enfants. Je suis Professeur des Universités depuis 2 ans et je suis sensei de Kendo depuis 10 ans. Ma vie est donc bien remplie et pourrait me combler mais je me sens étouffer. Durant ma première grossesse, les souvenirs de maltraitance sont revenus et depuis je fais mon possible pour apaiser ma colère afin de ne pas la transmettre à mes enfants. Je sens qu'une autre vie est possible mais je suis enfermée dans mon armure de résilience. J'ai eu l'honnêteté de dire à mon mari un an auparavant que je ne savais pas si je l'aimais encore... Il a réagi de façon passionnelle, me déstabilisant encore plus. Alors il y a quelques jours, pour la première fois, épuisée, j'ai arrêté de faire ce que l'on attendait de moi, j'ai arrêté de me battre et j'ai choisi de me laisser porter par le flux de la vie. Je suis partie seule 3 jours sur cette île que je ne connais pas. Là, la vie m'a amenée à me pardonner, enfin, l'avortement que j'ai subi à 17 ans. J'ai compris comment tout dans ma vie m'avait amenée à vivre cette expérience et j'ai fait le deuil de cet enfant non-né. Mon existence s'est transformée à partir de ce moment, je pourrais même dire qu'elle a basculé. J'ai alors commencé à sentir l'énergie dans mes mains, à faire des choses « bizarres », comme toucher les gens pour les soulager... Je me suis rappelée qu'enfant, je massais ma mère, que les rebouteux me disaient que « j'avais le pouvoir ». Pouvoir que j'avais toujours refusé avec obstination en me réfugiant dans la science pour trouver des réponses. Et pourtant... mes recherches portaient sur l'optimisation énergétique des systèmes mobiles... et ma pratique du kendo me faisait appréhender l'énergie en moi à travers le combat.

Me présenter ne m'a jamais été un exercice facile, sans doute parce que je n'aime pas rentrer dans les cases. J'ai déjà présenté les grandes lignes de mon parcours dans un précédent ouvrage[1]. Je suis Professeur des Universités en électronique, j'enseigne dans une école d'ingénieurs et mon activité de recherche actuelle porte sur l'industrie du futur et comment nous pouvons produire mieux, entendez par là plus respectueusement de l'humain. Je suis aussi masseuse et praticienne de techniques énergétiques (afin d'être cohérente avec le chapitre précédent, je ne vous ferai pas la liste de mes formations...) car mon propre chemin de guérison m'a donné envie de partager l'efficacité de ces techniques. Ma vision de l'énergie s'enrichit également de ma longue pratique des arts martiaux que je n'exerce plus car je ne ressens plus le besoin de me battre ; cependant leurs enseignements m'accompagnent chaque jour. Enfin, je suis également auteur et conférencière, à la fois dans ma vie professionnelle et dans ma vie privée. Je revendique chacune de ces facettes car elles se nourrissent mutuellement, tout en me demandant une bonne organisation ! Seulement, pour répondre à la question « *Tu fais quoi ?* » du chapitre précédent, vous le voyez, ce n'est pas très efficace. Un mot est venu, offert par l'homme qui partage ma vie et ma joie : énergicienne. Car toutes mes activités ont en commun l'exploration de l'énergie et son effet sur le corps ou les systèmes. Energicienne, c'est faire l'énergie sienne. C'est cultiver son énergie, tout simplement. Ce n'est pas être thérapeute ou gourou, c'est être une personne ordinaire qui explore son potentiel et revendique son pouvoir intérieur. Ce livre n'a pas d'autre objectif que de vous donner envie de devenir à votre tour énergicien et énergicienne. Mieux encore, de vous montrer que vous l'êtes déjà ! Sans rien acheter, même pas ce livre, empruntez-le, faites-le circuler autour de vous car ce ne sont pas les droits d'auteur qui me font vivre et si je fais des interventions, ce n'est pas par besoin mais par conviction, parce que je crois qu'il est important de dire clairement les choses : nous n'avons besoin de personne pour aller bien ! Il existe des outils simples, efficaces, gratuits et il est temps de partager cette connaissance, de

---

[1] *Guérir par l'énergie* chez Eyrolles

changer la vision de notre corps et de notre équilibre afin de retrouver notre pouvoir. Il n'y a rien à vendre, rien à acheter, juste apprendre à connaître notre énergie et la cultiver, en toute simplicité.

Il est temps de prendre conscience que l'énergie est partout. Alors pourquoi ne pas apprendre à l'utiliser pour aller mieux ?

Du bon sens

« - J'ai une lombalgie chronique et je ne guérirai jamais » dit B. avec colère.

- Oui, si tu vois les choses comme ça, effectivement, il n'y a rien à faire » ai-je répondu pour clore la discussion. Je viens de rencontrer cet homme, il fume, il boit, il n'a aucune activité physique et la douleur de son dos l'empêche de travailler. Il touche une allocation handicap et a effectué un séjour d'une semaine dans un centre de rééducation ; cela l'a soulagé mais depuis il n'a rien entrepris, attendant de pouvoir y retourner dans quelques années. Quand je lui ai dit que j'étais masseuse, il m'a jeté un regard méprisant, pensant sans doute que je devais me contenter de « papouiller » mes amants et lorsque j'ai parlé de mes pratiques en suggérant que je pouvais peut-être faire quelque chose pour sa douleur, il s'est énervé. Quelque temps après cependant, il accepte que je le masse, parce qu'il n'a rien à perdre. C'est une surprise pour lui, c'est la première fois que sa douleur disparaît, certes temporairement mais cela lui donne espoir. Je lui propose de changer son lit dont le sommier est complètement défoncé et de faire régulièrement quelques étirements. Il suit ce simple programme et commence à transformer son mode de vie. Je l'aide à arrêter de fumer et à ralentir l'alcool. Au bout de trois mois et plusieurs séances de massage, il n'a plus mal. Sa première réaction est de me dire « Comment je vais faire pour ma prime ? ». Convaincu par l'efficacité de ce que je propose, il me demande de lui montrer plus d'exercices. Je l'accompagne en insistant beaucoup sur des éléments d'éthique car je sens son avidité motivée par sa soif de pouvoir. C'est d'ailleurs cela qui me décidera à le quitter au bout de quelques mois. Six mois après, j'apprends qu'il s'est installé à son compte comme coach en développement personnel... Je suis en colère et je me sens coupable. A ce moment-là, une amie me dit très justement : « Si tu apprends à lire *et à écrire à un enfant et que quelques années après il s'en sert pour faire une bombe, est-ce que tu es responsable ? ».*

J'ai compris que je n'avais pas eu tort de lui donner des informations et que je devais le laisser responsable de ses choix et de ses conséquences. Depuis j'ai rencontré beaucoup de personnes qui ont découvert l'énergie à travers une expérience marquante et qui se sont installés au bout de quelques mois. Ce qui est intéressant dans cette histoire, c'est que j'avais beaucoup insisté sur la notion de temps dans la pratique, temps pour intégrer les techniques, temps pour mûrir sa réflexion, sa propre pratique, son rapport à l'autre et le pourquoi de cette volonté d'aider les autres. Le temps que l'énergie fasse son chemin et opère sa transformation en nous. Les occidentaux sont pressés, mes maîtres japonais en étaient toujours très surpris. C'est souvent en voulant précipiter les choses que l'on passe à côté de l'essentiel.

L'autre aspect intéressant de cette histoire est que j'ai rencontré quelqu'un qui attendait qu'on le sauve. Aigri, parce que la médecine ne pouvait pas répondre à son besoin, il n'avait pas l'idée qu'il pouvait faire quelque chose de lui-même pour améliorer son état et se contentait d'entretenir sa colère. Je suis d'ailleurs assez perplexe qu'après avoir rencontré autant de spécialistes, personne n'ait jamais pensé à lui demander dans quel état était son lit et qu'on le laisse partir du centre de rééducation sans un programme minimum d'exercices et quelques conseils...

Et si nous retrouvions un peu de bon sens ?

Je suppose que cet homme est loin d'être le seul dans son cas. Quel est le coût pour notre société simplement parce que nous avons perdu de vue des évidences ? Enfin, ce qui est intéressant est que lorsque je n'ai plus répondu à son besoin d'être sauvé, il s'est autoproclamé sauveur, parfaitement convaincu de sa bonne foi et sans aucun scrupule. Comme c'était un homme qui avait du charisme (j'ai conscience que le tableau que j'ai brossé peut vous amener à vous demander ce que je faisais avec un homme comme ça, mais si, si, il avait des qualités !), je savais qu'il allait attirer des personnes crédules avec son discours plein de certitudes utilisant un mélange étrange des notions que je lui avais transmises mais qu'il n'avait pas encore bien digérées. Cependant j'ai fini par accepter qu'il me faut aussi laisser la liberté à ces personnes de se tromper et que parfois, se faire avoir fait partie du chemin vers l'autonomie.

Je viens d'arriver dans ce qui devait être un salon du livre. Je me retrouve entourée de stands, avec des présentoirs et des gens qui vendent le dernier gadget à la mode et bien peu de livres… encore une foire du bien-être ! A peine ai-je le temps de poser mes affaires que j'ai déjà deux thérapeutes qui sont passées me voir pour me dire à quel point elles font des choses formidables. La journée promet d'être longue. Je regarde les personnes passer devant ma table où je n'ai mis que mon ordinateur avec une présentation disant que je n'ai rien à vendre, pour se précipiter vers les objets clinquants et repartir avec leur trésor, persuadés qu'ils ont enfin pu acheter la solution à leur problème. En fin de journée, une femme arrive vers moi avec un grand sourire : « Ça fait du bien de voir votre démarche, je viens d'arriver et je ne trouvais rien qui me correspondait, je me demandais ce que je faisais ici… », je ris en répondant « Je me le demandais aussi ! ». J'ai compris à ce moment-là qu'il était important de continuer à donner l'information qu'on peut faire autrement.

Avec la parution de mes livres, j'ai fréquenté différents salons et lieux de conférence. Cela m'a permis d'observer comment ce petit monde fonctionne, je serais tentée de dire plutôt comment il dysfonctionne. Face à tous les abus dont j'ai été témoin, j'ai voulu arrêter toute intervention. Pourtant, je me suis aperçue que ne rien dire pouvait me rendre complice de ces abus. Ce livre est donc né d'un ras le bol de voir tout et n'importe quoi et du besoin de dénoncer non pas des personnes mais un système que nous entretenons par nos peurs et notre manque de bon sens. Certes, les anecdotes que je ramène de mon périple au pays du *new age* peuvent vous effrayer ; or mon but est plutôt de vous alerter, de vous donner les informations qui vous permettront de faire vos choix en conscience. Car j'ai aussi rencontré des praticiens excellents qui, la plupart du temps, ne font pas parler d'eux. Malheureusement, plus quelqu'un est reconnu, médiatisé et encensé, plus il a de chances de perdre de vue sa pratique et ses valeurs initiales. C'est un phénomène connu pour tous les hommes de pouvoir de développer une cour qui les coupe de la réalité. Alors, comment s'y retrouver ?

Mon objectif, au-delà de cet état des lieux contrasté, est de vous donner à la fois des éléments de réflexion et des exercices simples afin non seulement de penser votre santé et votre bien-être autrement mais aussi de vous permettre de développer votre propre pratique. Car l'écologie de la guérison est une démarche concrète vers l'autonomie qui vous permettra de construire votre chemin.

Je vous propose des éléments pour construire votre propre voyage ; le cheminement, le rythme et la destination vous appartiennent.

Attention terrain miné...

Sans vouloir être exhaustive car la nature humaine est telle qu'elle nous réserve encore de belles surprises, voici tout de même une liste des points de vigilance c'est-à-dire des choses qui peuvent vous alerter dans le comportement de votre interlocuteur qu'il se dise thérapeute, coach, medium, chaman ou toute autre variante du donneur de conseils. Car, avec un peu d'habitude, vous vous rendrez compte que les ressorts de la manipulation sont à peu près toujours les mêmes. Voici quelques situations issues de mon expérience, énoncées au masculin générique mais les femmes sont aussi concernées. Avec l'habitude, vous vous rendrez compte que certaines personnes ont l'art de cumuler les différentes méthodes passant habilement de l'une à l'autre, dans ce cas vous pourrez les quitter sans aucun scrupule.

Celui qui est meilleur que les autres

C., acupunctrice, m'affirme que sa technique est forcément plus efficace que la mienne (le shiatsu) puisque les aiguilles vont plus profondément dans le corps et stimulent plus l'énergie que les pressions des doigts.

L'argument est valable mais c'est oublier que certaines personnes ont peur des aiguilles et préfèrent être touchées par un être humain car le toucher comporte de nombreux bienfaits validés scientifiquement. Les deux techniques sont donc complémentaires et répondent à des besoins différents. De plus, bien souvent, c'est moins la technique qui importe que la qualité d'être du praticien. Je reste persuadée que lorsqu'une personne est réellement efficace, elle n'a pas besoin de le dire et de se mettre dans un esprit de compétition. Le comble étant ceux qui prétendent être spirituellement évolués, sous-entendu plus que vous bien sûr ! A croire que nous n'avons pas la même vision de la démarche spirituelle... Relisons les écrits de Gandhi ou de Bouddha, rien de tout cela, ces personnes ont cheminé suffisamment pour savoir qu'elles ne sont pas meilleures que les autres. On parle souvent d'orgueil spirituel et l'orgueil peut prendre de nombreuses formes. La première, la plus évidente, est de croire que nous valons plus que les autres. Une autre est de croire que nous savons plus de choses que les autres ; en tant qu'universitaire, je la fréquente tous les jours. La dernière, plus masquée, est de croire que nous ressentons plus ou mieux que les autres. Combien de personnes viennent m'expliquer longuement qu'elles sont hypersensibles et combien elles souffrent sans chercher à connaître l'effet de ce déversement sur leur entourage et je connais plusieurs médiums qui pourraient écouter un peu plus les vivants... Ne confondons pas égocentrisme et sensibilité car il est vrai que nous trouverons toujours que notre souffrance est plus forte, plus intolérable et plus injuste que celle des autres, habituellement banalisée dans notre société ne serait-ce que par le journal télévisé. Certes nous avons tous besoin de reconnaissance, mais le pouvoir ne se prend pas, il se crée.

Celui qui vous vante (et invente) ses diplômes

Ce que beaucoup de gens ignorent, c'est que les diplômes sont délivrés de façon très règlementée uniquement par des organismes reconnus par l'Etat. Avoir payé un stage encadré par un formateur autoproclamé et obtenu un bout de papier coloré ne constitue en rien un diplôme, il s'agit dans le meilleur des cas d'un certificat signifiant que vous avez bien acquis certaines compétences et parfois seulement d'une attestation de présence car je n'ai jamais vu dans tous les stages et formations que j'ai faits quelqu'un qui ne l'obtienne pas du moment qu'il avait payé son inscription. Donc ces certificats n'ont de valeur que celle que vous voulez bien leur attribuer. Cela n'enlève rien au sérieux de certaines formations qui s'effectuent sur plusieurs années, dans un cadre rigoureux, avec un programme précis et un niveau d'exigence minimum mais il devient difficile de s'y retrouver. Donc si vous rencontrez quelqu'un qui vous dit qu'il a un diplôme de coach, de chaman ou de médium, rectifiez calmement et s'il campe sur ses positions, passez votre chemin !

Une variante est de chercher la légitimité à travers des maîtres spirituels et nous rejoignons alors le paragraphe précédent. Vous trouverez ainsi des disciples du grand Babu ; je ne peux m'empêcher ce clin d'œil à Signé Furax, la série radiophonique culte des années 50 de Pierre Dac et Francis Blanche qui dénonçait déjà, avec beaucoup plus d'humour que moi, les mêmes dérives. Pour preuve cet extrait de l'hymne du Grand Babu qui résume bien l'esprit de ce paragraphe.

Tout le monde y pue, Y sent la charogne,
Y a que l'grand Babu, Qui sent l'eau d'cologne
Tout le monde y pue, Y fait mal au cœur,
Y a que l'grand Babu qu'a la bonne odeur

De nos jours les Grands Babus sont ultramédiatisés et passent plus de temps sur Facebook à se photographier entre eux qu'en méditation ou en prière...

Celui qui va vous sauver

« - Allo, Nathalie ? C'est D. »
D. était une femme divorcée qui se plaignait régulièrement que son ex-conjoint était un manipulateur et me parlait souvent des abus qu'elle subissait dans ses relations personnelles et professionnelles.

- Je voudrais, reprend-elle, que tu fasses une séance à distance à mon ex-mari et mon fils.
- Ok, ils veulent quoi ?
- En fait, ils ne sont pas au courant mais je suis sûre que cela leur ferait du bien.
- Peut-être mais je ne pratique jamais sur quelqu'un qui ne m'a pas donné son accord.
- Ah ? Certaines personnes le font...
- Alors demande plutôt à ces personnes, pour moi c'est hors de question. »
Quelque temps après, nous étions en soirée dans un bar et je la vois secouer les mains.
Je lui demande : « - Tu as fait quoi ?
- Tu vois le monsieur là-bas ? Je sens qu'il est atteint d'un cancer alors je lui ai envoyé de l'énergie.
- Tu le connais ?
- Non mais je suis sûre que j'ai raison.
- Pourtant il ne t'a rien demandé...
- Mais c'est pour son bien. »

Connaissez-vous le triangle de Karpman ? C'est une modélisation des relations humaines de manipulation, un jeu de rôles que nous tenons souvent inconsciemment. Ce triangle est constitué de trois rôles, la victime, le sauveur et le persécuteur. On reconnait la victime au fait qu'elle se plaint et cherche à apitoyer, qu'elle attire immanquablement des ennuis dont elle ne se sent en aucun cas responsable. Or il n'y a pas de victime sans bourreau qui la juge, la contrôle et la dénigre. La victime trouve toujours un sauveur qui la prend en charge et la déresponsabilise parce que *« la pauvre, elle n'a vraiment pas de chance... »*. Or ce qui est caractéristique de ce triangle est qu'à partir du moment où vous acceptez de jouer, vous savez que vous allez explorer dans cette relation l'ensemble des rôles. Donc immanquablement, la victime et le sauveur vont se retrouver persécuteur. Je me demande parfois si le fait d'entendre autant parler en ce moment des pervers narcissiques n'a pas un effet néfaste et si en voulant à tout prix dénoncer des bourreaux, nous ne contribuons pas à les créer. En effet, chaque fois que nous nous positionnons dans l'énergie de la victime, nous appelons celle du bourreau... La seule posture pour sortir du triangle, c'est de revenir à une attitude adulte et responsable, qui laisse aussi aux autres la pleine et entière responsabilité de leur vie et de leurs choix. Cependant, force est de constater que cette dynamique nous est tellement familière que nous la rejouons naturellement ; d'ailleurs, le dogme d'un Christ sauveur de nos péchés qui a fini sacrifié par ceux-là mêmes qu'il voulait sauver est emblématique de la place de ce triangle dans nos croyances.

Prétendre que nous savons ce qui est bon pour les autres mieux qu'eux est une forme courante de manipulation, typique des personnes qui se présentent comme des sauveurs. Inutile de dire qu'il y en a beaucoup parmi ceux qui affirment guérir les autres. Car personne d'autre que vous ne peut vous guérir, encore moins vous sauver. D'ailleurs, avez-vous besoin d'être sauvé ? Certaines personnes peuvent vous accompagner, éclairer votre route, vous indiquer des pistes de travail ou vous faciliter des compréhensions. Certes nous pouvons envoyer de l'énergie aux autres pour les soutenir lorsqu'ils en font la demande explicite, car le fait de demander de l'aide fait partie intégrante de la démarche de guérison mais personne ne peut en décider à leur place, même avec l'excuse aussi vieille que les parents abusifs de « *C'est pour ton bien* ».

Celui qui est incohérent

Nous connaissons tous l'anecdote du médecin qui fume comme un pompier et qui dit à ses patients qu'ils doivent faire du sport. Je n'arrive pas à faire confiance à quelqu'un qui n'est pas cohérent, c'est-à-dire qui affiche « *Faites ce que je dis et pas ce que je fais* » et je revendique que les thérapeutes se doivent d'être leur meilleure publicité ; alors plutôt que de se fier à leurs beaux discours, observons-les. Coluche disait à propos des enseignants « *Ils veulent vous vendre de l'intelligence et ils n'ont même pas un échantillon sur eux.* » Si la personne qui prétend vous vendre du bien-être n'a pas non plus d'échantillon c'est-à-dire qu'elle vous semble fragile, maladive, coincée, mal dans sa peau ou qu'elle passe beaucoup de temps à vous raconter ses problèmes personnels, on peut légitimement s'interroger sur l'efficacité de sa technique.

Je suis en 2ᵉ année de formation de shiatsu. Une femme rejoint le groupe, elle s'est déjà formée dans d'autres écoles et affirme qu'elle a un très bon niveau. Or, elle veut bien masser les autres mais refuse d'être touchée. Je serai la seule à pouvoir pratiquer sur elle pendant cette année. Le formateur laisse faire et cette personne aura son attestation comme les autres en fin d'année.

Une autre dérive que je souhaite mettre en avant par cet exemple est de trouver normal de faire à d'autres ce que nous ne voulons ou ne pouvons pas faire. J'avais une règle lorsque j'enseignais les arts martiaux : toujours être capable de faire et de montrer ce que je demandais à mes élèves de faire (du coup je faisais rarement faire des pompes !). Cela fait partie de ma conception d'une saine autorité. Dans l'exemple précédent, c'est d'autant plus une erreur de l'élève, voire une faute de la part du formateur, que recevoir une technique fait partie intégrante de l'apprentissage de cette technique, cela permet au corps de mémoriser et de ressentir l'effet de ce que nous faisons. Ce cas est parfaitement généralisable et j'ai pu remarquer de nombreuses fois que j'étais beaucoup plus efficace pour accompagner des personnes lorsque j'avais déjà moi-même traversé la problématique dans laquelle ils se trouvaient. D'ailleurs, dans certains cas qui résonnent faiblement avec mon vécu, je n'hésite pas à orienter les gens vers un thérapeute dont je sais qu'il correspond mieux à leur besoin car il a lui-même exploré cette question.

Celui qui vous dévalorise

E. vient de nous faire faire une méditation guidée. Nous sommes un petit groupe, assis, nous écoutons une voix haut perchée qui nous décrit différentes situations. A la fin, nous partageons nos visualisations auxquelles E. donne sa propre interprétation.
« - C'est un exercice puissant, dit-elle, parce que cela génère des symboles.
Je confirme.
- Oui, les symboles sont une aide précieuse à l'intégration, d'ailleurs je pratique cela seule depuis longtemps.
- Ah non ! me répond-elle très sèchement, il faut faire cela seulement avec un thérapeute certifié parce qu'il a travaillé sur son inconscient ».

Pour réagir ainsi sans savoir qui je suis, comment je pratique et dévaloriser quelque chose que je fais spontanément depuis que je suis enfant, je ne suis pas sûre qu'elle soit si claire avec son inconscient. Chaque fois que quelqu'un cherche à vous convaincre que vous avez besoin de lui et que vous ne pouvez pas faire quelque chose seul, c'est probablement parce qu'il a plus besoin de vous que vous de lui. Certes, le travail à deux ou en groupe est bien évidemment quelque chose de précieux, mais n'oublions pas que plus nous ferons des choses seul, plus nous serons autonomes et moins nous serons contrôlables, c'est peut-être ce qui a déclenché sa réaction. J'ai eu de très belles expériences de groupe mais parce que j'avais été capable de développer une pratique personnelle, ce n'en était que plus profitable. Et venir me dire, alors que je suis une autodidacte convaincue, qu'il faut (il faut, notez bien, pas ce serait mieux de...) que je sois dépendante d'une personne certifiée (voir le paragraphe précédent sur ce que je pense des certificats) ne peut que m'inciter à la plus grande méfiance quant aux intentions de mon interlocutrice. Chaque fois que quelqu'un ne prend pas en considération ce que vous faites, le banalise, le dévalorise ou le dénigre, c'est qu'il sous-entend qu'il fait mieux et on revient au premier paragraphe.

Je suis en atelier de médecine symbolique pour une journée. Une personne est au milieu du cercle et F., le « sachant », s'acharne sur elle sans aucune bienveillance sous prétexte qu'il faut arrêter d'être gentil. Il se moque de sa façon de s'habiller alors que lui-même est très loin d'être un dandy, il est à la limite de l'insulte et il abuse clairement de sa position d'autorité avec un certain sadisme. Je le verrai plusieurs fois au cours de la journée régler ses comptes avec des femmes sous l'œil complice de son épouse, formatrice avec lui.

La bienveillance est à mon sens une valeur non négociable. Certes il y a des histoires de maîtres zen qui rudoient fortement leurs élèves mais nous ne sommes pas dans cette culture et si les bouddhistes parlent des moyens habiles, ils insistent également beaucoup sur la compassion. Dans les arts martiaux, j'ai bien évidemment pu fréquenter des maîtres très rugueux, mon corps en a eu des souvenirs cuisants, mais il y a toujours eu un savant dosage entre exigence et bienveillance qui permet de se dépasser tout en restant en confiance. Se retrouver humilié face à quelqu'un qui demande soumission n'est pas ma vision de la relation maître-élève et encore moins entre intervenant et auditeur. Une fois encore, quelqu'un qui cherche à prendre le pouvoir sur vous ne fait rien d'autre que de dévoiler sa propre peur de l'autre et son manque de confiance en lui.

Celui qui vous dit ce que vous ressentez

G. est une jeune femme en difficulté. Elle m'appelle affolée.
« - Allo, Nathalie ? Je suis allée voir H. et il m'a dit que mes chakras 1 et 3 étaient bloqués. Je fais quoi maintenant ? »

S'il y a bien un exercice délicat dans le domaine de l'accompagnement, c'est d'arriver à ne pas être prescriptif. Savoir proposer sans imposer. Or face à des personnes fragiles, la frontière est vite franchie. Poser un diagnostic comme ici, sans proposer des solutions, est clairement irresponsable. Entendons-nous bien, le but est d'aider, pas de rajouter du stress à une personne déjà en détresse. Les personnes qui voient les auras franchissent parfois cette limite et certains insinuent que vous ne pouvez rien leur cacher. Mais n'oublions pas qu'il n'y a pas une aura mais des auras, et qu'elles fluctuent en fonction de notre état immédiat. Donc interrogez votre interlocuteur afin de savoir sur quelle aura il travaille et ce que cela signifie. Chaque fois que quelqu'un se permet de poser un diagnostic sur vous, demandez-lui clairement ce qui lui fait dire cela et quelles solutions il préconise. Ne serait-ce que pour ne pas subir l'effet nocebo, c'est-à-dire le fait de développer le problème imaginaire que l'autre projette sur vous.

Je suis dans l'atelier de médecine symbolique (celui dont je viens de parler au paragraphe précédent et qui m'a donné beaucoup de matière pour ce chapitre...). C'est moi qui suis au centre du cercle.

- Vous avez un mort dans vos proches ? me demande F.

Vu mon âge, il ne prend pas trop de risques à se lancer dans cette direction.

- Vous culpabilisez par rapport à cette personne, continue-t-il.

Ce n'est pas une question mais une affirmation. Là je sens venir le mentalisme car effectivement 80% des proches d'un mort culpabilise. Or, pas de chance, dans ce cas, aucune culpabilité car j'ai accompagné mon amie jusqu'à la fin et cela a été une très belle expérience. Je réponds donc par la négative.

- Si, vous culpabilisez ! D'ailleurs c'est pour cela qu'elle n'est pas partie. Elle est là, tenez, sentez, passez votre main ici et vous la sentirez.

Je passe ma main et je ne sens rien. Je sais que cette âme est partie, plusieurs de ses proches l'ont senti au moment de sa mort et j'ai déjà fait ce qu'il fallait pour l'accompagner il y a quelques mois. Derrière moi je sens une réaction ; le praticien qui a fait ce travail avec moi est aussi à l'atelier. F. continue son monologue sans tenir compte de ce que je peux lui dire.

- Si, elle est là et il faut la faire partir. Pour cela, vous allez réciter un Notre Père.

Je ne suis pas chrétienne, je ne suis pas baptisée et je n'ai pas grandi dans cette culture. Me demander cela n'a aucun sens, me l'imposer est inacceptable. Je sens que la colère commence à monter face aux abus répétés. J'arrive cependant à lui répondre calmement.

- Je ne connais pas les paroles.

Visiblement F. ne perçoit pas l'humour et continue sur le même ton...

Je reviendrai plus tard sur cette anecdote qui comporte encore d'autres péripéties. Oui, cet atelier a finalement été très riche d'enseignements mais pas vraiment ceux que j'attendais ! Remercions tout de même cet homme qui me donne une matière non négligeable pour vous parler aujourd'hui de choses qui se passent réellement. Il faut dire qu'en termes d'abus, il est emblématique. Je me suis souvent demandé pourquoi, avec toutes les casseroles que je me trimballe, il avait fallu qu'il tombe juste sur quelque chose qui ne résonnait pas du tout en moi. La réponse sera dans un prochain chapitre si vous me permettez ce léger teasing...

Ce qui est intéressant ici, c'est qu'à aucun moment mon interlocuteur n'a cherché à savoir ce que je ressentais, si ce qu'il me disait produisait une quelconque résonance en moi car il était persuadé d'avoir raison. Un autre abus important est qu'il m'impose de faire quelque chose qui ne correspond pas à mes croyances. Soyons clair, un praticien digne de ce nom ne vous demandera JAMAIS de faire quelque chose en désaccord avec vos valeurs en termes de religion, de morale ou d'éthique.

Celui qui cultive le mystère

J'écoute une canalisation de I. Elle annonce qu'avec elle se trouvent les anges, les archanges, les dévas, les élémentaires, Jésus et Bouddha. Je me dis que ça fait beaucoup de monde dans la pièce... A la fin, une personne demande « Comment puis-je être sûre que les énergies que vous canalisez sont bien celles-là ? » Voilà une bonne question ! Je suis impatiente d'entendre la réponse qui vient, directe « Bon, les anges disent qu'ils n'ont plus envie de répondre aux questions ».

Chaque fois que quelqu'un n'est pas transparent, n'est pas prêt à vous expliquer clairement ce qu'il fait, pourquoi et comment, qu'il vous demande de ne pas parler de ce qu'il fait sous prétexte qu'alors ce ne sera plus efficace (bien sûr la manipulation ne fonctionnera plus !), vous dit qu'il va vous transmettre un enseignement secret ou des pouvoirs particuliers, vous pouvez vous interroger sur ce qu'il a à cacher. Si à une époque certaines pratiques persécutées par l'église ne pouvaient s'effectuer que dans le secret, le temps où on brûlait les sorcières est loin. Posez-vous et posez-lui des questions. Certains vont alors vous dire que vous n'êtes pas assez évolué pour comprendre, ou qu'il faut suivre telle initiation qui comporte quelques frais… Evidemment en tant que scientifique, avec de simples remarques et ce que certains appellent mon mauvais esprit et que je préfère qualifier d'humour particulier, j'ai souvent été stigmatisée comme irréductible sceptique ou trop matérialiste. Je n'en apprécie que plus les personnes qui sont capables de me dire que nous n'avons pas toutes les réponses. Ce qui n'est pas une raison pour tout accepter et nous pouvons tout de même chercher à élargir notre compréhension actuelle. Alors lisez, apprenez, renseignez-vous, échangez, pratiquez car plus vous développerez votre connaissance et votre ressenti, plus vous serez solide face à ceux qui veulent vous imposer leurs certitudes.

Celui qui a inventé une nouvelle technique

J. est une jeune femme intelligente, curieuse et avenante. Elle vient me voir avec une question : « Tu connais cette technique ? » Elle me prononce un mot alambiqué avec du bio-dynamico-énergético-quantico-holistique. « Non, c'est basé sur quoi ? ». « Je ne sais pas, le monsieur m'a expliqué mais je n'ai rien compris ». Je ris et je lui dis que c'est déjà une bonne indication. Par la suite, je fais quelques recherches pour me rendre compte, une fois de plus, qu'il s'agit juste d'un habillage ronflant autour de techniques issues de la médecine traditionnelle chinoise, pas si nouveau que ça donc !

Dans une société de surconsommation où on nous pousse à changer de téléphone tous les 6 mois, il semble logique que les techniques de guérison subissent elles-aussi la dictature des effets de mode. J'ai connu la même chose avec les arts martiaux où régulièrement apparaissait une nouvelle pratique révolutionnaire. En regardant de plus près, on s'aperçoit qu'il ne s'agit que d'un nouvel habillage de techniques ancestrales. Oui, nous sommes sensibles au packaging et au marketing ! En plus, les médias s'empressent de promouvoir ces pseudo-nouveautés pour faire du tirage. Il suffit d'observer ce qui se passe avec les ayatollahs de l'alimentation. A tel point qu'on ne sait plus ce qu'on doit manger... Donc il y a des modes et j'avoue beaucoup m'amuser à écouter tel ou tel conférencier sans aucune connaissance scientifique me vendre une nouvelle technique quantique et jongler avec le jargon sans avoir cherché à comprendre les concepts initiaux. Car la physique quantique est vieille d'un siècle et toutes les idées « révolutionnaires » qu'on nous vend maintenant à toutes les sauces ont d'abord été énoncés par des scientifiques qui ont longtemps été boudés par le grand public. Est-ce que ce sont vraiment les scientifiques les plus obtus ? Observons les mots à la mode en ce moment : quantique donc mais également médium, chaman, holistique et mon préféré, médecin de l'âme (vous l'avez compris, je n'aime pas qu'on touche à mon âme). Des mots nouveaux pour des pratiques anciennes...

Car la physiologie de notre corps a peu évolué ces dernières années. Certes nos modes de vie ont un impact sur notre énergie et notre santé et de nouvelles problématiques apparaissent. Mais les moyens d'agir pour rétablir notre équilibre sont connus depuis plusieurs milliers d'années. Il est important de faire clairement la distinction entre les outils et les méthodes. Prenons pour cela l'exemple de l'EFT. Ce n'est pas une technique révolutionnaire au sens de ses principes de base car elle combine en fait les points des méridiens de la médecine traditionnelle chinoise que l'on va venir tapoter en répétant des affirmations. La médecine chinoise existe depuis plusieurs milliers d'années, les techniques d'affirmation sont certes plus récentes mais la méthode Coué date tout de même du début du 20ᵉ siècle. Ce qui est innovant dans l'EFT ce ne sont donc pas ces fondements mais bel et bien sa mise en œuvre par la combinaison de ces deux outils. Tout bon praticien se doit d'acquérir différents outils en se formant régulièrement et d'en faire sa propre synthèse ; cela ne signifie pas qu'il a inventé quelque chose, ce n'est pas de l'innovation, c'est simplement développer son expression personnelle. Quand j'apprends à jouer d'un instrument de musique, au bout de quelques années de pratique assidue, je vais pouvoir composer des morceaux mais je ne vais pas pour autant dire que j'ai inventé l'instrument !

Je suis en stage de réflexologie plantaire pour la journée. K., la formatrice, vient de nous raconter son parcours. En fait elle n'aime pas toucher les gens... mais quand elle était en formation de naturopathe, elle a fait une initiation à la réflexologie et a trouvé que toucher les pieds, ce n'est pas pareil ! Nous commençons à pratiquer et à un moment K. me dit qu'elle ne veut pas entendre parler de méridiens... Encore une fois, la journée va être longue.

J'ai souvent rencontré des praticiens qui se cloisonnaient dans leur technique. Personnellement, lorsque je touche un corps, je le touche en intégralité, avec ses fascias, ses méridiens, ses chakras, ses muscles, sa peau et ses auras. Me limiter à une seule grille de lecture me paraît fortement réducteur et à mon sens empêche notre pratique d'évoluer vers notre expression propre.

Celui qui veut l'exclusivité

L. est une amie qui vient d'apprendre qu'elle est atteinte du cancer. Elle me raconte qu'elle est allée voir plusieurs thérapeutes qu'on lui a conseillés. Le premier, un naturopathe, lui a dit qu'elle devrait faire une semaine de jeûne sans lui donner plus d'explications alors qu'elle n'a jamais pratiqué le jeûne. La suivante, une guérisseuse, lui a dit qu'elle n'avait pas besoin de chimiothérapie et qu'elle pouvait la soigner avec des plantes uniquement. L. vient me voir désespérée que personne ne veuille prendre le temps d'écouter ses peurs et ses interrogations plutôt que de lui asséner des certitudes et elle se sent perdue.

L'histoire que je raconte ici est grave car personne n'a le droit de vous demander d'arrêter un traitement médical, c'est bel et bien illégal. Profiter de la détresse et la fragilité des personnes gravement malades pour exercer son pouvoir est quelque chose de dangereux. Dans le cas du premier thérapeute, la proposition était bonne car on sait que le jeûne peut avoir de très bons résultats mais elle était inappropriée dans ce contexte, sans explication, sans accompagnement, sans démarche progressive d'acceptation pour la personne souffrante. Dans tous les cas, lorsque quelqu'un vous demande l'exclusivité, à savoir de ne pas suivre les conseils de votre médecin ou de ne pas voir d'autres thérapeutes, partez en courant ! C'est un des principes sectaires que de couper la proie de son environnement ou d'autres conseils. Si un médecin doit accepter que vous demandiez un deuxième avis, un thérapeute peut bien accepter que vous alliez voir ailleurs... J'ai souvent entendu des discours du type « *Tant que je travaille avec elle, elle m'a dit de ne rien faire d'autre* ». Je reste sceptique. J'ai aussi connu des personnes qui ont coupé les ponts avec leur enfant sous prétexte qu'il était possédé d'après leur guide spirituel. N'oubliez pas que plus vous êtes isolés, plus vous êtes manipulables et que le fait d'avoir plusieurs sources d'information est la garantie de pouvoir forger votre propre opinion. Là encore, ceux qui sont confiants dans leur pratique accueillent les échanges et les débats sans se sentir menacés mais plutôt enrichis. Je suis d'ailleurs toujours contente lorsque je dis certaines choses à une personne que j'ai massé et qu'elle me répond que son ostéopathe ou sa kinésithérapeute lui a fait la même remarque. En dehors de la satisfaction personnelle de cette validation, une véritable direction de travail se dégage pour la personne concernée qui se sent alors entourée et soutenue.

Celui qui aime l'argent

On est en 2009. Je vais très mal. Je suis avec un compagnon très instable et malhonnête, qui m'a entrainée dans de grosses difficultés financières et psychologiques. Je vais voir M. qui connaît mes difficultés et m'a proposé une séance. Je me retrouve à faire une méditation guidée pendant 20 minutes, elle me tend en fin de séance un bout de papier griffonné de quelques notes et me demande 75 euros. A ma tête, elle doit voir que je trouve ça un peu raide alors elle me dit « Oui mais moi je suis plus efficace que les autres car je travaille au niveau de l'âme ! ». Cela me semble terriblement prétentieux et j'aimerais qu'on laisse mon âme tranquille et qu'on se focalise sur mes problèmes du moment qui sont très concrets... Avant que je parte, M. me dit « Au fait, avec ton compagnon, cela va s'arranger, je le vois clairement ». Je pars, un peu déroutée. En fait, par la suite, la situation avec mon compagnon se dégradera de plus en plus puisqu'il sombrera complètement dans l'alcool et que je finirai par le quitter. Je n'ai rien vécu de ce que M. m'a prédit et rien non plus de positif en lien avec la séance que nous avions pu faire.

Ça fait cher la méditation, vous comprenez à présent pourquoi je préfère la faire seule ! Je reste depuis ce jour très circonspecte vis-à-vis de ceux qui veulent s'occuper de mon âme et j'ai pu constater qu'en ce qui concerne la guérison, ce ne sont pas les plus chers les plus efficaces. L'argent est bien évidemment le point central de beaucoup de manipulations et d'abus. Certaines personnes vont vous demander de vous engager sur plusieurs séances, avec paiement immédiat. D'autres vont vous affirmer que votre cas est tellement spécial que s'occuper de vous va être compliqué... et donc coûteux ! D'ailleurs je connais aussi des personnes souffrantes qui font la tournée des soignants et prennent plaisir à les mettre en échec pour valider qu'ils sont vraiment un cas désespéré.

Les valeurs auxquelles nous ne devons jamais renoncer sont le respect, l'écoute, la bienveillance, l'humilité, la cohérence et la transparence.

Le but de tout praticien est normalement de vous apprendre à vous passer de lui et j'ai envie de finir ce chapitre sur une touche optimiste.

Je suis dans le cabinet de N., une sophrologue qui me suit depuis 3 ans. J'ai commencé à la voir dans une période de burn-out et elle m'a accompagnée très discrètement et très efficacement. Le mois dernier, elle m'a fait remarquer que j'allais bien à présent et m'a demandé pourquoi je continuais à venir la voir. J'ai compris que j'avais peur de lâcher sa main, comme une petite fille qui apprend à marcher, curieuse et inquiète à la fois. Elle m'a fait ce très beau cadeau de me dire que je peux me passer d'elle, de me le faire ressentir aussi. Je suis venue une dernière fois pour la remercier de tout ce qu'elle m'avait apporté.

Les limites de la médecine

De tout temps, l'être humain a utilisé l'énergie pour se soigner. Mais l'Occident a fondé son raisonnement sur une approche analytique, qui consiste à découper un problème complexe pour le résoudre. Cela a abouti à une hyperspécialisation de la médecine occidentale qui, tout en donnant de très nombreux résultats, est en train d'atteindre certaines limites en restant coupée d'une vision globale de l'être en souffrance. En se focalisant sur les symptômes d'une maladie, on en oublie le pouvoir de guérison de l'individu.

On sait pourtant que l'effet placebo atteint jusqu'à 60 % d'efficacité, et cela même lorsque le patient sait qu'il reçoit un traitement sans effet ! Cela veut dire que le fait même d'être pris en charge, écouté, accueilli par un professionnel suffit à résoudre bien des maux. C'est donc la confiance que le patient met dans le praticien et dans sa propre capacité à guérir qui contribue le plus fortement à l'efficacité du traitement. À l'inverse existe l'effet nocebo, où des patients diagnostiqués à tort peuvent développer la maladie qu'on leur a prédite et qu'ils n'avaient pas avant le verdict.

Enfin, on ne peut plus nier l'importance des maladies iatrogènes c'est-à-dire des maladies générées par les traitements, dont le nombre atteint en France une hospitalisation sur dix ainsi que celle des maladies nosocomiales, maladies contractées durant l'hospitalisation, ce qui représenterait plus de 20 000 décès par an. On parle cependant beaucoup plus du nombre de morts sur la route, qui est de 3239 pour 2019. Serait-il plus dangereux d'aller à l'hôpital que de prendre sa voiture ?

Les progrès de la médecine occidentale ont permis un allongement considérable de notre espérance de vie en quelques générations. Avec une espérance de vie à la naissance de 79,5 ans pour les hommes et de 85,4 ans pour les femmes en 2018 selon l'Insee, la France se situe à la 18e place mondiale, avec largement en tête Monaco dont l'espérance est de 89,4. Si l'argent ne fait pas le bonheur, il semblerait qu'il contribue tout de même fortement à la longévité... Au cours des 60 dernières années, les français ont gagné 14 ans d'espérance de vie en moyenne.

Cependant, un autre indicateur vient utilement compléter cette analyse, il s'agit de l'espérance de vie **en bonne santé**. Elle est actuellement en France de 64,1 ans chez les femmes et 62,7 chez les hommes. Or ce chiffre reste stable, il ne suit pas l'augmentation de l'espérance de vie. Cela signifie que nous passerons 74% de notre vie en bonne santé pour les femmes contre 77% en 2004 et donc, qu'en moyenne, sur les 20 dernières années de notre vie nous serons en malades ! Je dis souvent à mes enfants que je souhaite mourir en bonne santé, d'une part pour ne pas être un fardeau pour eux, d'autre part pour pouvoir continuer à profiter de la vie le plus longtemps possible... Et vous ?

Comment expliquer ces chiffres ? Evidemment par nos modes de vie et le stress qu'ils génèrent. En effet, le stress est à présent reconnu par l'Organisation Mondiale de la Santé (OMS) comme le fléau du monde occidental dû à son impact sur notre santé : risques cardio-vasculaires, ulcères, cancers... De plus, le pourcentage de population urbaine est aujourd'hui de 55 %, il atteindra 68 % en 2050. Et nous savons tous que le fait d'être régulièrement en contact avec la nature régule l'effet du stress dans le corps. Enfin, je suis persuadée que si la France est à la traîne des autres pays occidentaux, c'est parce que la patrie de Descartes qui revendique fièrement « *Je pense donc je suis* » entretient ainsi une coupure entre le corps et l'esprit qui nous isole de nos ressentis et donc de notre pouvoir de guérison. C'est peut être pour cela que nous sommes aussi la patrie de la guillotine...

Loin de renier les progrès de la médecine occidentale, il devient donc nécessaire de la compléter par une approche globale, individualisée et replaçant la personne au centre de son processus de guérison.

Dans cette vision, la maladie n'est plus vue seulement comme un dysfonctionnement (j'ai une maladie) mais comme un déséquilibre dans notre relation avec nous-même et avec le monde (je suis malade). D'ailleurs, l'OMS plaide depuis quarante ans pour une collaboration intelligente entre les services de santé médicaux et l'univers des praticiens traditionnels.

Pas étonnant dans ce contexte que le grand public se tourne vers le marché du bien-être.

Le marché juteux du bien-être

Le marché du bien-être avec 288 465 entreprises et 37,5 milliards d'euros de chiffre d'affaires pèse en France plus lourd que l'industrie de la mode et du luxe ou l'industrie aéronautique et spatiale et est équivalente à l'industrie pharmaceutique. Avec 542 846 salariés, soit plus que le secteur automobile ou agro-alimentaire, cela en fait du monde à vouloir nous vendre quelque chose !

45% des français affirment avoir entrepris au moins une action destinée à accroître son niveau de bien-être corporel dans les 6 derniers mois et 36% déclarent consulter régulièrement des articles ou des livres traitant du bien-être. 26% ont déjà consulté un professionnel et 23% ont consommé des compléments alimentaires. Enfin, 13% pratiquent des activités de relaxation comme le yoga, la méditation ou la sophrologie.

Et le marché se développe rapidement avec une croissance d'environ 7% par an. En effet, nos modes de vie de plus en plus stressants poussent les occidentaux à prendre davantage soin d'eux, ou plutôt à se tourner vers des professionnels pour cela. Mais surtout les seniors représentent actuellement un tiers de la population et la moitié des richesses. Il est évident que ce sont des personnes plus sensibles au fait de rester en bonne santé et de prévenir les maladies ; ils se retrouvent donc être les premiers consommateurs dans ce marché. On comprend mieux que beaucoup veuillent tirer profit de cette manne.

L'OMS dénombre plus de 400 médecines dites complémentaires, alternatives ou traditionnelles. Ces termes recoupent un grand nombre de pratiques, nouvelles ou ancestrales, fondées sur des thérapies manuelles, biologiques ou encore des approches dites corps-esprit. Les pratiques fleurissent, les dérives aussi. La Mission interministérielle de vigilance et de lutte contre les dérives sectaires (Miviludes) constate en 2018 deux fois plus de signalements de praticiens en lien avec une mouvance sectaire qu'en 2013 soit environ 1000 signalements annuels autour de la santé et le bien-être.

Si les thérapies alternatives se développent autant, c'est aussi parce que les formations explosent, formations accessibles aux chômeurs, sans aucun contrôle sur le sérieux du contenu. Donc paradoxalement, on incite officiellement des personnes à se former sur des pratiques qui, elles, ne sont pas reconnues, ce qui représente chaque année des milliers de nouveaux praticiens avec un niveau de compétences très variable (parfois quelques dizaines d'heures de cours seulement). Ces personnes vont donc s'installer sans aucun contrôle sur leur activité et avec un esprit de concurrence peu propice à la qualité de leur prestation. On peut ici remarquer l'hypocrisie de notre système qui de cette façon se décharge ainsi de quelques chômeurs qui vont venir absorber des demandes de soin qui ne seront pas prises en charge par la Sécurité Sociale ! A croire que l'Etat est bien meilleur manipulateur que n'importe quel thérapeute...

J'ai conscience que la teneur des chapitres précédents puisse vous paraître un peu décourageante, voire effrayante. Au moment où j'écrivais ces lignes et que je me disais que j'y allais peut-être un peu fort, j'ai appris alors que M., dont je vous ai parlé précédemment, exigeait des thérapeutes auxquels elle envoie des clients de lui reverser un pourcentage de leurs honoraires... un vrai racket ! Je vous garantis que toutes mes anecdotes sont authentiques, j'ai même parfois édulcoré. Avant d'aller plus loin dans ma démarche, il me semblait honnête de faire un état des lieux objectif. Comme la manipulation se propage grâce au silence, il est temps de dévoiler ces abus qui discréditent des pratiques efficaces et sèment le doute concernant des praticiens intègres et plus discrets. Alors, restez avec moi, cela s'arrange après.

Il existe des solutions simples, efficaces et gratuites pour utiliser notre énergie afin de cultiver notre bien-être et notre santé en toute autonomie.

Choisir la sobriété

D'après une étude faite par le site therapeutes.com en 2018, les principaux freins à l'usage des médecines douces sont justement le coût (non remboursées à 64,7% et trop chères à 44%), et la difficulté du choix (choix de la pratique à 21,4% et choix du praticien à 17,9%). Le fait de ne pas avoir assez de preuves que ça marche n'intervient que pour 2,7%. Donc les français croient aux démarches alternatives mais n'ont ni les moyens ni les éléments de choix pour y recourir. C'est là qu'une démarche d'écologie de la guérison prend toute son envergure car je vous propose de faire des expériences et de pratiquer par vous-même afin de ne plus dépendre d'un thérapeute et de développer votre propre connaissance ; ainsi cela ne vous coûtera rien. Seulement un peu de temps.

Nous avons vu que si nous voulons vivre longtemps en santé, nous devons intervenir sur notre mode de vie avec une approche complémentaire à la médecine mais faut-il pour cela retomber dans la consommation ? Car plus nous chercherons à acheter le produit miracle, plus nous serons la proie des personnes que je vous ai décrites précédemment. Face à la profusion et aux caricatures de soignant, la seule réponse est, là aussi, la décroissance. Alors seuls resteront les praticiens intègres, car je ne voudrais pas vous amener à jeter le bébé avec l'eau du bain.

En effet, ne confondons pas la pratique avec ses praticiens. Prenons la pratique du reiki. Je suis formée jusqu'au niveau 3 de reiki et c'est une pratique que j'apprécie beaucoup. D'origine japonaise, elle repose sur des principes liés à cette culture et des valeurs qui me correspondent. De plus, j'ai pu en tester l'efficacité à plusieurs reprises. Cependant, je ne la pratique à présent que pour moi (sauf demande spécifique) et j'ai pris de larges distances avec les pratiquants de reiki car j'ai pu observer de nombreuses dérives sectaires liées aux modes de transmission. Certains prérequis évidents pour les japonais ne sont pas respectés dans les transmissions occidentales et dénaturent complètement les intentions originales. Dans ce cas, je ne vous dis pas de ne pas faire de reiki ou de ne pas aller voir un praticien, je vous incite juste à la plus grande vigilance lorsque vous fréquentez ce milieu. Une fois encore, ne voulant pas être complice de comportements en désaccord avec mes valeurs, j'ai préféré simplement m'éloigner.

Enfant je n'avais pas le droit de voir un médecin ; en fait, je n'avais tellement pas le droit à l'erreur que je n'avais pas non plus le droit d'être malade, ce qui signifiait ne pas être opérationnelle. J'ai donc appris à gérer seule mes douleurs et mes maladies. Cela m'a permis de développer spontanément des techniques respiratoires, de toucher et de visualisation que j'ai retrouvées par la suite dans diverses pratiques. C'est pour cette raison que je sais que ces outils fonctionnent et vous comprenez maintenant pourquoi je tiens à mon côté autodidacte.

Il est temps de retrouver notre pouvoir. Car si nous ne l'exerçons pas, nous laisserons certains abuser de nous.

Et si nous pouvions, par de simples exercices et en changeant notre vision, nous éviter nos problèmes de santé ? Quels gains à la fois pour nous, pour notre corps souvent malmené par des opérations « de précaution » ou des médicaments aux multiples effets secondaires, mais également pour la société ! Pourquoi, face à des médecins surchargés, ne pas laisser la place à ceux qui en ont vraiment besoin car bien évidemment la médecine a encore pleinement son rôle à jouer, je dirais même qu'elle devrait retrouver sa juste place et les moyens raisonnables de son exercice si nous acceptions de nous prendre un peu plus en charge.

Et si nous arrêtions de nous agiter pour tester la dernière technique à la mode ou le dernier faiseur de miracles, ne faisant qu'ajouter un peu plus de bruit à notre confusion ? Et s'il s'agissait simplement de nous reconnecter à notre corps, de revenir à l'essentiel et d'apprendre à connaître notre énergie pour l'utiliser de façon pertinente ?

L'écologie de la guérison passe par la reconnexion à notre corps et à notre énergie.

Insaisissable énergie

L'univers, comme tout ce qui est vivant, est animé par l'énergie. Ce principe de force vitale est présent dans toutes les civilisations sous forme de 4 systèmes de croyance majeurs qui, non seulement ne sont pas exclusifs mais peuvent aussi être vus comme des grilles de lecture complémentaires. Cependant, ils peinent tous à définir ce qu'est l'énergie dans son essence.

La vision chamanique

Tous les peuples traditionnels considèrent leur environnement comme sacré, où chaque être, dieu, esprit, planète, animal, plante, minéral possède sa propre énergie, sa propre intelligence, en lien avec le reste de l'univers. Tout est vivant, conscient et sensible, en symbiose dans une mer d'énergie qui relie l'ensemble des êtres. On trouve notamment l'idée qu'il existe trois mondes, celui de la terre, celui du ciel et celui des hommes. Le chaman est capable de voyager dans ces mondes grâce à des états modifiés de conscience, pour aller y chercher les informations nécessaires à la communauté.

Un chaman peut être appelé pour aider quelqu'un qui a perdu son esprit gardien personnel ou son âme. Il entreprend alors un voyage de guérison afin de recouvrer l'âme ou l'esprit perdu et le ramener au malade. Le chaman perçoit également l'intrusion des esprits malins. Il peut alors les extraire à l'aide d'instruments de pouvoir. Le chaman est un guérisseur qui communique avec les esprits, perçoit la nature profonde des choses, peut comprendre l'origine des problèmes et obtenir des connaissances et des conseils pour y remédier.

La vision indienne

L'*ayurveda*, science de la vie et de la longévité, est une médecine traditionnelle millénaire basée sur une énergie universelle, le *prana*, combinée à cinq éléments et une représentation du corps humain par un réseau complet de *nadis* transportant cette énergie grâce à des points particuliers appelés *chakras*, liés aux corps énergétiques et aux auras.

Il existe de très nombreux *chakras*, mais on en définit 7 majeurs qui se trouvent sur le canal central, en lien avec les plexus nerveux et les glandes endocrines. On y associe traditionnellement des noms, des symboles, des qualités, des couleurs et parfois même des sons, mais les sources ne s'accordent pas forcément. Le dysfonctionnement d'un *chakra* entraîne un déséquilibre des énergies pouvant aboutir à la maladie.

L'être humain est composé de différents corps énergétiques décrits comme des couches successives, qui s'interpénètrent et s'influencent mutuellement et se manifestent par les auras. Le corps physique est le corps le plus dense, ayant les fréquences les plus basses. Puis chaque corps subtil vient se superposer avec des vibrations de fréquences supérieures, associé à un *chakra* et à un niveau de conscience.

La vision chinoise

Le *wu chi* est le vide originel, la force primordiale qui est apparue à la naissance de l'univers. Puis est apparue la dualité entre le ciel et la terre, le *yin* et le *yang*, le principe féminin et le principe masculin. C'est le mouvement incessant entre ces deux pôles qui crée l'équilibre, comme le représente le célèbre symbole du *tao* qui décrit l'harmonie résultant de ce mouvement et de la présence équilibrée de ces deux forces.

Le mot *chi* (*ki* en japonais) est la force vitale animant chaque être mais aussi la terre, les planètes et les étoiles. Le *chi* ne peut être ni créé ni détruit, seulement transformé. Il circule dans l'univers et dans le corps en répondant à la loi des cinq éléments, bois, feu, terre, métal et eau. L'équilibre se fera naturellement par la circulation de l'énergie entre ces différents éléments, selon les saisons et les heures de la journée.

L'énergie circule dans le corps humain par des réseaux que l'on appelle les méridiens. On dénombre douze méridiens réguliers associés chacun à un organe et à un viscère, ainsi que deux méridiens centraux. Les méridiens comportent différents points le long de leur trajet, ou points *tsubos*, qui sont utilisés en acupuncture et en acupression.

La vision scientifique

En 2018, je trouve un livre en anglais qui vient de sortir, écrit par une physicienne américaine réputée et qui traite de l'énergie sur 500 pages en faisant le point sur les dernières recherches. Je me dis que je vais peut-être enfin y trouver une définition pertinente de l'énergie. Je regarde la table des matières et je m'aperçois que la définition est proposée en conclusion. Pas très bon signe lorsqu'on sait que nous autres scientifiques avons plutôt l'habitude de commencer par définir ce dont on souhaite parler… Je zappe donc les 500 pages pour foncer à la conclusion (parions que vous auriez fait comme moi !) et je lis « Nous ne sommes toujours pas capables de définir l'énergie qui reste un grand mystère pour la science. La seule chose que l'on puisse dire est qu'elle vibre… ».

Le mot énergie vient du grec *ergon*, qui signifie en action, en mouvement. En fait, on ne sait actuellement définir l'énergie que par ses effets sur la matière. On distingue ainsi différents types : thermique, électrique, magnétique, gravitationnelle, cinétique, nucléaire... L'énergie ne peut être ni créée ni détruite, seulement transformée en produisant de la chaleur, du travail ou du rayonnement.

Elle permet donc des échanges entre différents systèmes. Elle transmet un effet d'un objet à un autre, d'un lieu à un autre ou d'un moment à un autre. Les échanges d'énergie se font par paquets discontinus que l'on appelle *quanta*, ce qui a donné son nom à la physique quantique. Au niveau quantique, l'univers entier est un réseau d'interconnexions avec des propriétés non locales. En effet, si deux particules sont liées, lorsque l'une d'elles change d'état, l'autre le fera aussi instantanément, quelle que soit la distance qui les sépare.

Les propriétés des *quanta* démontrent que tous les éléments de l'univers, les particules, les ondes, les atomes, vibrent, bougent, communiquent et échangent entre eux de manière incessante et instantanée.

Une définition personnelle

La matière a besoin de l'énergie pour se mettre en mouvement. De plus, l'énergie transporte l'information, qui ne peut exister sans support et qui la commande. Ainsi, l'univers est constitué de trois aspects qui sont intimement liés : la matière, l'énergie et l'information.

On peut donc considérer que l'énergie est de l'information en mouvement.

Toutes les parties qui constituent notre corps résonnent à des fréquences particulières. Nous sommes donc des êtres qui absorbent et émettent constamment des vibrations. Les nombreuses activités électriques du corps humain se traduisent par un champ biomagnétique, caractérisé par notre activité et notre état de santé. Nous sommes aussi probablement des êtres quantiques ; en effet, des études ont montré que des cellules sanguines ou des spermatozoïdes réagissent encore aux émotions de leur donneur, même à plusieurs kilomètres de distance !

On voit clairement que les différentes visions sont loin d'être incompatibles et on peut identifier des points communs qui constituent l'essence de toute pratique.

- Nous sommes immergés dans une mer d'énergie qui nous relie tous.
- L'énergie correspond à une vibration, une fréquence.
- L'énergie ne disparaît jamais mais se transforme.
- L'énergie est liée au mouvement.
- L'équilibre et donc la santé sont conditionnés à la libre circulation de l'énergie dans le corps.
- Certains points spécifiques du corps permettent d'agir sur la circulation de l'énergie.
- Le corps aspire naturellement à retrouver son équilibre.
- La guérison n'est donc rien d'autre que de lever les blocages de l'énergie pour la remettre en mouvement.

Les pensées, les mots, les émotions et même les symptômes sont des messages qui nous permettent de rétablir notre équilibre ou de rester en bonne santé.

Etre à l'écoute des informations offertes par notre corps est le moyen le plus simple de cultiver notre bien-être.

Il est temps de faire autrement

Mon propos est bien de vous alerter sur les dérives d'un système plus que sur celles des individus. J'entends souvent dans les stages et les formations des personnes décrier les médecins. Dans ces moments-là, j'essaie toujours d'intervenir calmement pour rappeler que de nombreux médecins ont choisi de faire de longues études pour se former, motivés par un vrai désir d'aider les autres, probablement aussi fort que celui des thérapeutes. Malheureusement, ils sont souvent eux-aussi victimes d'un système qu'ils subissent et ne correspond plus à ce qu'ils souhaitaient faire. Bien sûr, il y en a certains qui sont plus préoccupés par l'argent mais ce n'est pas la majorité. Devons-nous rejeter TOUS les médecins à cause d'un système médical et pharmaceutique basé sur le profit ? De même pour les scientifiques, eux-aussi souvent critiqués. Malheureusement, le système universitaire et la recherche scientifique sont tels que nous passons plus de temps à chercher des financements que des idées... Alors que beaucoup de scientifiques sont des personnes créatives et tolérantes, le système de la recherche lamine les plus belles motivations en nous enfermant dans une logique où nos idées doivent pouvoir être financées donc profitables et où les contraintes de publication scientifique s'apparentent elles-aussi à des pratiques mafieuses qui s'autoentretiennent. Au lieu d'accuser des individus, je préfère m'attacher à transformer les systèmes et en premier lieu nos systèmes de croyance.

Einstein disait « *La folie c'est faire toujours la même chose et attendre un résultat différent* ». Le système de consommation où s'enferment beaucoup de thérapeutes et leurs clients perdurera tant que nous fonctionnerons de la même façon et cela aura des conséquences. On le sait concernant la planète, alors prenons-en conscience en ce qui concerne notre propre santé, commençons même par là !

O. est un homme de ma connaissance de plus de 50 ans. Il a un ventre proéminent, ne fait pas de sport, fume et boit beaucoup tous les week-ends. Il m'a reproché un jour de ne pas assez prendre soin de ma voiture. Il se plaint de maux de dos importants. Je l'ai massé à plusieurs reprises en lui indiquant qu'il serait bon qu'il modifie son mode de vie s'il voulait être soulagé durablement. Suite à mon dernier massage qui avait eu lieu un vendredi, je lui avais précisé qu'il devrait se reposer afin de laisser son corps récupérer un peu. Je le retrouve quelque temps après et il me dit « Super ton dernier massage, j'ai pu faire la fête tout le week-end ! ». Je lui rappelle calmement les consignes que je lui avais données et je lui dis que s'il trouve normal de ménager sa voiture et d'en faire un entretien régulier, il lui serait plus que bénéfique de faire la même chose avec son corps, d'autant qu'il ne peut pas le changer... Il vient me voir par la suite avec toujours la même démarche « J'ai mal au dos », je lui demande « Tu fais quoi pour que ça change ? », « Rien » me répond-il un peu surpris, « Alors c'est normal ! ». Il part vexé en me disant que je suis dure.

Est-ce moi qui suis dure parce que je lui dis ce qu'il ne veut pas entendre et que je refuse d'être complice de sa démission ou bien lui qui est très dur avec son corps en lui faisant subir ce qu'il me demande de « réparer » ? J'aime bien demander aux gens qui se plaignent ce qu'ils font pour que leur vie change. Ça a toujours un effet radical...

Nous pouvons choisir de faire autrement, nous pouvons choisir de transformer ce système sur lequel pèse une certaine omerta, raison pour laquelle, de mon côté, j'ai choisi de parler. Il est temps de prendre conscience qu'il y a un autre chemin, une autre façon de penser notre corps et notre guérison. C'est aussi pour apporter un peu de transparence que j'ai choisi de témoigner de mon histoire, fidèle à la parole de Gandhi « *Sois le changement que tu veux voir dans ce monde* ».

Depuis que je suis enfant je suis convaincue qu'on a toujours le choix. Heureusement pour moi car cela m'a permis de penser qu'une autre vie était possible. Et comprenez que si vous vous dites que vous n'avez pas le choix, c'est déjà un choix ! Celui de ne pas chercher d'autre solution...

C'est la conscience qui nous ouvre le choix. Et nous sommes capables de faire bien plus que ce que nous croyons

---

Vous êtes thérapeute

P. est une jeune femme qui est venue me voir sur recommandation bien qu'elle ne supporte pas d'être touchée. Elle vit dans la peur et s'enferme peu à peu. Elle a cependant envie d'en sortir. Elle me décrit sa panique lorsqu'elle rentre chez elle chaque soir. J'essaie de trouver avec elle des solutions. Je lui propose de mettre en œuvre ses mains car ainsi cela calmera son mental. L'automassage ? J'ai en effet déjà remarqué que développer une approche personnelle du toucher permet de rétablir le rapport à son corps en douceur pour par la suite aller plus sereinement vers l'autre. « Non », fait-elle d'un air dégoûté. Faire la cuisine ? Pétrir de la pâte ? Faire de la sculpture ? Je commence à arriver au bout de mes idées lorsqu'elle s'exclame : « Depuis quelque temps, je me suis remise au tricot... ». Excellent ! Je venais de lire un article montrant que le tricot a les mêmes bienfaits que la méditation.

Ce qui est intéressant ici est que P. a trouvé SA solution. En effet, le tricot ne faisant pas partie de mon quotidien, je n'aurais pas pensé à lui proposer mais son corps savait déjà naturellement ce qui pouvait la soulager. Merveilleux n'est-ce pas ? Lorsque j'ai expliqué à P. qu'elle avait eu cette intelligence et qu'elle pouvait se faire confiance pour trouver par elle-même des outils pour aller mieux, elle a eu l'air très surprise. Difficile de faire confiance à notre ressenti lorsque nous avons passé toute notre vie à construire notre prison intellectuelle...

J'ai souvent remarqué que les personnes qui n'arrivaient pas à être touchées voulaient se couper de leur ressenti pour se réfugier dans leur tête. En fait, lorsque j'étais jeune, je ne supportais pas non plus d'être touchée ; c'est sans doute pour cela que j'ai fini universitaire ! Il faut dire que les seules fois où mon père me touchait, c'était pour me frapper. Et comme par la suite j'ai été victime de viol, je ne connaissais pas le toucher bienveillant. Avec pour conséquence de développer cette coupure du corps pour ne surtout pas retrouver les ressentis d'abus. Il est certain que la façon dont nous avons été touchés lorsque nous étions enfant va conditionner notre rapport à l'autre et au monde. Et cela jusqu'à la fin de notre vie.

Je suis à mon stand sur un salon du livre lorsqu'un monsieur d'environ 60 ans s'approche en me disant « Je prends votre carte... ce n'est pas pour moi, c'est pour ma femme, parce que moi, je ne supporte pas qu'on me touche ! ». Comme il n'y a personne autour de nous, je me permets de lui demander doucement « Votre père vous frappait ? ». Etonné, il me répond vivement « Non, c'était ma mère... » Il lève le bras brusquement comme pour donner une gifle et continue « Elle me frappait tout le temps, comme ça, sans raison ». Tout son corps revit la scène, je perçois toute la violence qu'il porte. « Vous croyez que ça vient de là ? » reprend-il, un peu surpris et comme je confirme avec bienveillance, il me lance un regard humide de petit garçon « Vous savez, j'en fais encore des cauchemars... ». J'accueille son émotion en souhaitant que cette prise de conscience lui permette par la suite de trouver un peu de paix.

La découverte de la puissance du toucher a été pour moi une aventure merveilleuse. Quoi de plus beau, de plus simple aussi. C'est une des pratiques les plus élémentaires et les plus profondes pour guérir nos blessures. A présent, je suis masseuse et cela me fait rire régulièrement en imaginant ma tête si on m'avait dit cela à 20 ans ! On peut donc transformer les choses. Ne sous-estimons pas le pouvoir de guérison et de transformation que renferme notre corps.

Car notre corps passe son temps à se guérir. Observons ce qu'il se passe lorsque nous nous coupons. L'ensemble des phénomènes impliqués dans notre organisme pour tout d'abord arrêter le saignement puis pour cicatriser est à la fois complexe et merveilleux. Comment notre corps sait-il où et à quel moment il doit intervenir et surtout quand il doit cesser d'intervenir ? Ce n'est pas clairement expliqué par la médecine. Alors pourquoi ne pas se fier à cette intelligence du corps ? Elle nous accompagne tous les jours.

J'ai 8 ans. Je viens de faire une chute grave sur des cailloux. J'ai toute la partie gauche de mon visage en sang, heureusement l'œil a été épargné. Après avoir été désinfectée sans ménagement, mon père me dit « Tu vas avoir une croûte, surtout tu n'y touches pas jusqu'à ce qu'elle tombe ». Ce sera le seul soin qu'il me procurera. Je suis défigurée pendant des mois et je me retrouve avec une croûte d'1 cm d'épaisseur sur la moitié du visage. Les démangeaisons sont terribles surtout le soir en m'endormant. C'est à ce moment-là que je développe des techniques respiratoires me permettant de résister à la tentation de me gratter afin de pouvoir m'endormir. Pendant de longs mois, je pense que je resterai défigurée à vie. Cependant, peu à peu la croûte tombe et je découvre que la peau est miraculeusement intacte. La seule trace physique que je garde de cet épisode est une légère cicatrice sur la tempe.

Par sa négligence, mon père m'a fait un énorme cadeau. Sans le vouloir, il m'a permis de découvrir la puissance de régénération de mon corps et sans doute est-ce pour cela que je peux vous parler aujourd'hui avec conviction. Je l'ai expérimenté en profondeur. Bien sûr, je ne suis pas en train de dire qu'il ne faut pas soigner vos enfants ou qu'il faut vous mettre dans des situations de souffrance. Simplement que nous pourrions faire plus confiance à nos corps.

Notre capacité de guérison est présente, tous les jours et nous pouvons la contacter. Nous sommes déjà thérapeutes. Nous sommes même nos meilleurs thérapeutes !

Du bon usage du thérapeute

Il est temps pour nous d'arrêter de croire que la solution est à l'extérieur, aux mains de divers spécialistes. L'écologie de la guérison, c'est revenir au centre de notre être pour contacter notre énergie.

Ce n'est qu'en étant en contact avec notre centre que nous pourrons ensuite nous tourner vers l'extérieur en limitant les risques de dépendance et de manipulation.

En effet, nous sommes tous manipulables, parfois d'une façon perturbante. Nous le savons depuis les expériences de Milgram de soumission à l'autorité réalisées dans les années 60 et inspirées par le procès de Nuremberg. Pour les comprendre rapidement, je vous invite à regarder le film « *I comme Icare* » de Henri Verneuil sorti en 1979. A quel moment allons-nous réagir ? Je me pose régulièrement la question...

Mais force est de constater que si vous donnez votre pouvoir à quelqu'un, il y a de fortes chances qu'il s'en serve et même qu'il en abuse, c'est un ressort humain !

Lorsque je vous dis de vous débarrasser de votre thérapeute, il ne s'agit donc pas d'éliminer les thérapeutes de notre planète mais plutôt d'éliminer notre dépendance à ce mode de fonctionnement pour être libre de choisir d'avancer avec un thérapeute ou pas. Il s'agit de se débarrasser d'une certaine vision que nous avons du thérapeute comme donneur de conseils, détenteur de réponse et de solutions plutôt que comme accompagnateur, facilitateur d'une démarche que nous avons déjà mise en place.

J'irais même plus loin. C'est bel et bien se débarrasser de l'archétype de l'autorité abusive et manipulatrice, se libérer de ces énergies contrôlantes qui nous font croire que notre bonheur ou notre santé dépendent d'un régime, d'un guide spirituel, d'un médecin, d'un homme politique ou d'un produit.

Si je reprends la relation que j'avais avec ma sophrologue N. dont je vous ai parlé précédemment, et pourquoi cela a si bien fonctionné pendant 3 ans, c'est qu'elle n'a pas entretenu ma dépendance. Et dès le début, je suis venue en étant fortement impliquée dans ma démarche d'évolution. Pour l'illustrer je vais prendre l'image du *tangram*, ce jeu chinois où plusieurs pièces géométriques servent à former diverses figures. Chaque mois, lorsque je venais voir N., j'arrivais avec différents éléments, compréhensions, prises de conscience obtenues seule. Je déposais toutes ces pièces devant elle. Je commençais à les agencer et à un moment, elle intervenait très simplement, par un mot, une phrase, une proposition et d'un seul coup l'ensemble se mettait en place et formait une image ! Je repartais alors pour une nouvelle période de recherche d'autres pièces. Sans les éléments de départ c'est-à-dire les pièces que j'apportais, le travail de N. n'aurait pas pu se produire.

Le thérapeute vous permet de varier votre angle de vue, d'apporter une autre grille de lecture, une nouvelle compréhension mais ne doit en aucun cas vous donner les pièces car la matière première dépend uniquement de vous, de votre implication et cela constitue l'essence de votre recherche, le cœur de votre expérimentation et de votre compréhension ; c'est même ce qui en fait un si beau voyage. A mon sens, ce n'est qu'ainsi qu'on peut collaborer efficacement avec un praticien.

Votre pouvoir de guérison

La santé, le bien-être et le bonheur sont disponibles, simples et gratuits, encore faut-il aller les chercher. Je vais prendre un exemple simple, le sourire. Savez-vous que lorsque vous souriez, vous faites du bien à votre corps ? En général, on attend d'aller bien pour sourire... et c'est une erreur ! Car lorsqu'on sourit, on envoie un message à notre cerveau qui va alors secréter des endorphines et réduire les hormones de stress. Essayez ! Souriez, sans raison, comme ça, le matin devant la glace, vous pouvez même faire des grimaces, cela tonifie la peau. Honnêtement, RIEN ne vous empêche de sourire... à moins que vous vouliez absolument faire savoir au reste du monde que vous allez mal.

Je souris

Chaque fois que vous croisez votre reflet, pensez à vous sourire et vous verrez que vous arrivez à tromper votre cerveau et que cela procure un soulagement immédiat, même dans vos moments les plus sombres. Ajoutez à cela que lorsque vous êtes souriant, les personnes autour de vous ont tendance à être plus agréables ce qui vous donne encore plus envie de sourire. Donc lorsque vous ne vous sentez pas bien, faites comme si... et souriez ! Votre cerveau pensera que vous allez bien.

Face à la surconsommation, nous avons perdu le sens du quotidien, de l'évidence et de la simplicité. Or, il n'y a rien à vendre et rien à acheter, juste se reconnecter à son corps et son ressenti, refaire le lien entre corps et conscience. Il devient impératif de revenir à nos bases si nous voulons rester en équilibre, notamment renouer avec la nature et notre réalité. Depuis quelque temps, chaque fois que je vais à un concert, je me retrouve à regarder le téléphone des personnes devant moi. Non seulement j'ai payé ma place pour me retrouver devant un écran (dans ce cas j'aurais pu rester chez moi devant mon ordinateur) mais ces personnes sont plus préoccupées par filmer ce qui se passe pour le partager ensuite que de vivre pleinement l'expérience en elle-même… et du coup, elles m'en empêchent aussi ! A coup d'écrans superposés à nos vies, nous perdons tout contact avec la réalité. Comment voulez-vous que cela n'ait pas de conséquences sur notre conscience et notre énergie ?

La démarche que je vous propose s'inscrit dans une démarche de sobriété, afin de retrouver l'émerveillement face à la magie du quotidien et arrêter de penser que les solutions sont loin, chères, compliquées ou l'affaire de spécialistes qui savent mieux que nous. Car il existe des outils simples que vous pouvez tester. Il s'agit de mettre en place une hygiène personnelle et une routine permettant de cultiver votre énergie et la maintenir en équilibre. C'est un cheminement fait de prises de conscience, d'éveils à notre vraie nature et notre pouvoir pour guider chacun dans sa pratique quotidienne.

Je vous propose une démarche **GRATUITE** si vous me permettez cet acronyme. G pour Globale, R pour Respectueuse, A pour Accessible à tous, T pour Toujours disponible, U pour Universelle, I pour Indépendante, T pour Très simple et E pour Efficace.

> **Globale** parce qu'elle s'adresse à l'ensemble de votre corps, vos émotions, vos pensées,
>
> **Respectueuse** de votre rythme, de votre état, sans risque ni effet secondaire,
>
> **Accessible** à tous, enfant, personne âgée, personne malade, en difficulté financière, esprit pragmatique…,

Toujours disponible car cela ne nécessite aucune condition spécifique, de lieu particulier, vous pouvez pratiquer partout,

Universelle car le travail sur l'énergie peut se faire sur tous les êtres vivants, animaux, plantes…,

Indépendante de toute croyance ou système de pensée, de toute technique,

Très simple, des exercices de 5 minutes suffisent,

Efficace car vous pourrez voir des résultats rapidement.

Je suis au Foyer Q. On m'a demandé d'intervenir auprès de personnes déficientes intellectuelles. Chacune est un univers à elle-seule. Certains ont des problèmes physiques graves, d'autres ont des difficultés à peine décelables. Certains font mes exercices très sérieusement, d'autres ont plus de mal à se concentrer. Au début j'étais sceptique sur l'impact de mon intervention et la possibilité de les rendre autonomes. Au bout de deux ans d'intervention, je suis arrivée à ce constat : ceux qui ont essayé, quelles que soient leurs difficultés initiales, ont grandement progressé. Alors, s'ils y sont arrivés, pourquoi pas vous ?

L'énergie est là, toujours disponible et accessible à tous, car sans énergie nous ne serions pas en vie.

Il faut juste réapprendre à se connecter à notre ressenti, prendre conscience de notre énergie et la cultiver. Alors, pratiquez, expérimentez, faites confiance à votre corps et surtout amusez-vous !

Revenir au centre

Imaginez que vous êtes debout sur un manège. Il tourne doucement. Vous êtes en périphérie et vous retrouvez facilement votre équilibre. Cependant, dès qu'il se met à tourner plus vite, vous êtes déséquilibré. La seule façon de retrouver votre stabilité dans ce cas est de revenir au centre où, quelle que soit la vitesse, vous garderez sans difficulté votre station debout.

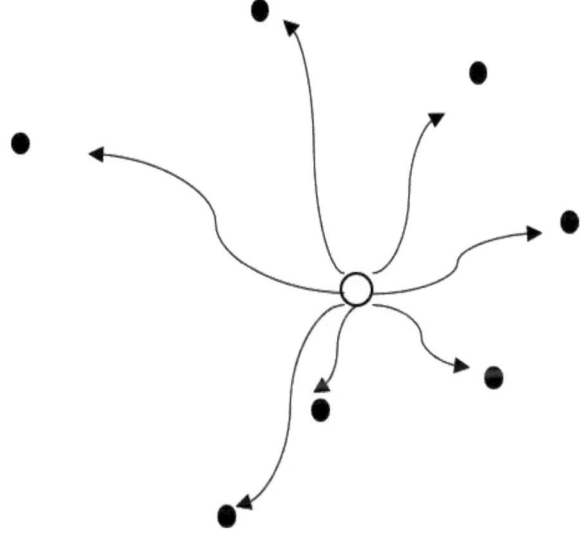

Figure 1 : Dispersion d'énergie

C'est ce qui se passe lorsque nous ne sommes pas conscients de notre centre. Nous allons facilement nous disperser dans diverses directions, jusqu'à l'épuisement de notre énergie vitale qui devient vide comme représenté sur la Figure 1.

Ce centre d'énergie vitale, notre centre, c'est ce qu'on appelle le *hara*. C'est un point fondamental dans les arts martiaux qui correspond au centre de gravité de notre corps. Il est situé au milieu du corps, à environ trois largeurs de doigt sous le nombril.

Lorsque notre hara est fort, c'est-à-dire que l'énergie située en ce point est dense, nous avons l'esprit clair, nous nous sentons calme et confiant, notre corps est détendu et disponible, nous choisissons et passons à l'acte facilement et nous sommes dynamiques.

Bref, cultiver l'énergie de ce point est fondamental pour notre équilibre, notre santé et pour garder un certain bon sens.

R. est une thérapeute toujours débordée. Elle coure sans arrêt et se retrouve toujours en retard à un rendez-vous. Chaque fois que je la vois, elle me parle longuement et d'une voix haut perchée de ses problèmes : problèmes d'argent, problèmes de relation, problèmes aussi avec ses clients puisqu'elle dit être une véritable éponge qui absorbe tous les problèmes des autres. Elle a souvent des périodes de profonde fatigue, elle a régulièrement du mal à s'endormir car elle « cogite » et elle a aussi beaucoup de mal à se concentrer et à s'organiser. Quand je lui demande si elle travaille son hara, elle me jette un regard hautain et me dit qu'elle est très connectée et qu'elle préfère travailler avec les énergies célestes.

Nous avons tous déjà rencontré quelqu'un de « perché » comme R. C'est inconfortable à côtoyer et c'est très inapproprié pour un thérapeute qui se doit absolument d'être un repère fiable et solide pour les personnes qui le sollicitent. Or, je constate que si la notion de *hara* est courante parmi les pratiquants d'arts martiaux, elle est totalement négligée voire méprisée par la plupart des thérapeutes. Et c'est bien regrettable car ce simple travail leur permettrait de régler de nombreux problèmes.

Je contacte mon centre

Placez le bout de vos doigts sur le *hara*, à environ 4 cm en dessous de votre nombril. Fermez les yeux, respirez calmement et profondément. Relâchez les épaules et la mâchoire. Sentez votre énergie au bout de vos doigts dans votre ventre. C'est là que réside votre énergie vitale. Apprenez à la contacter régulièrement, chaque fois que vous vous sentez tendu, nerveux, angoissé, fatigué. Quelques minutes suffisent à sentir l'effet dans votre corps et avec l'habitude, vous le ferez naturellement. Vous pouvez aussi poser vos mains sur votre ventre l'une sur l'autre, le centre des paumes en contact avec votre *hara* et respirer tranquillement.

Revenir au centre vous permet de rassembler votre énergie pour densifier votre *hara*. Il s'agit d'opérer un retournement, une révolution au sens propre du terme en vous projetant vers l'intérieur plutôt que vers l'extérieur. Pour cela, imaginez une roue avec 8 rayons, chacun de ces rayons étant utile pour la structure de la roue. Ces 8 rayons sont les 8 directions dans lesquelles je vous propose de travailler, 8 rayons qui reviennent vers votre centre et qui guident votre travail. Cela va vous permettre de collecter toute votre énergie dispersée de la

Figure 1 pour la ramener doucement au centre, comme sur la Figure 2.

Afin de faire tourner cette roue dans le sens de votre évolution et d'amorcer un cercle vertueux, au départ, il va vous falloir mettre un peu d'énergie pour combattre l'inertie. Mais une fois le mouvement amorcé, vous vous rendrez compte que votre pratique s'alimente d'elle-même et qu'il vous faut peu d'effort pour l'entretenir. Au début donc, il vous faut un peu de discipline et surtout prendre un peu de temps chaque jour pour que votre pratique devienne une habitude. Mais si nous observons objectivement nos vies, nous passons beaucoup de temps à faire machinalement des choses qui ne nous font pas forcément du bien. Je vous propose donc de remettre un peu de conscience, ne serait-ce que 5 minutes par jour. Si vous me dites que vous n'avez pas le temps, demandez-vous comment vous en êtes arrivé à un stade où vous ne pouvez plus consacrer 5 minutes de votre temps à votre bien être…

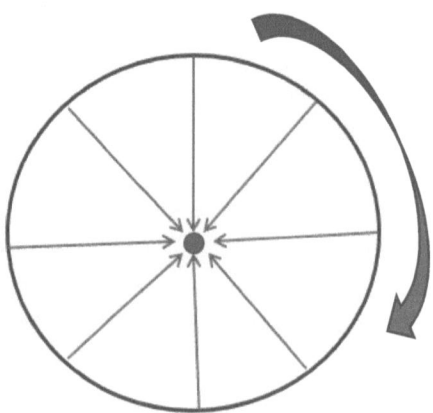

Figure 2 : Illustration de la démarche proposée

C'est pour cela que j'ai nommé les 8 rayons des chemins car il s'agit bien de progresser vers notre centre pour retrouver notre pouvoir. A partir de ces 8 prises de conscience, vous pouvez simplement et radicalement transformer votre vie. Le voyage que je vous propose est d'aller vers le centre de notre être pour être en contact avec notre noyau, notre essence, notre énergie vitale, avec notre joie aussi. Ces ouvertures vers le cœur de notre être vont nous permettre de développer des qualités complémentaires qui sont la base d'une guérison autonome et respectueuse : l'engagement, la cohérence, la résilience, la présence, la confiance, la simplicité, l'intégration et l'émerveillement.

Le chemin de l'engagement

Je choisis de guérir

« - Vous avez une tumeur maligne à l'utérus, il faut vous faire opérer ». Celle qui m'annonce la nouvelle est mon médecin depuis plusieurs années, une jeune femme ouverte et souriante. Je suis allée la voir quelques années auparavant alors que j'étais très mal après avoir quitté mon compagnon alcoolique. J'étais triste et épuisée. Elle a su m'écouter, je lui ai dit que je pratiquais le yoga, la méditation et diverses techniques énergétiques. Au lieu de dénigrer mes pratiques et de me prescrire un médicament, elle m'a dit que ce que je vivais était normal compte tenu des circonstances et que je faisais tout ce qu'il fallait pour aller mieux. La confiance qu'elle a eue dans ma guérison m'a soutenue et effectivement, j'ai doucement remonté la pente. Jusqu'à entendre ce diagnostic. Ma première pensée est « Pourquoi moi ? » puis « Je suis fatiguée de me battre ». En effet, après avoir lutté des années pour me sortir de la maltraitance, des abus et autres traumatismes, puis avoir traversé mon divorce, le harcèlement à mon travail et enfin l'alcoolisme de mon compagnon, je suis enfin arrivée à une période de ma vie heureuse, équilibrée et je commençais à reprendre confiance. Puis une certitude monte en moi et je lui réponds quelque chose que j'aurais été incapable de dire auparavant « Est-ce que c'est urgent ? », « Non » répond-elle, « cela peut attendre encore un peu ». Je lui propose alors « Laissez-moi trois mois, si les analyses sont toujours les mêmes, alors je me ferai opérer ». Elle accepte sans problème, merci à elle pour son ouverture ! Pendant ces trois mois, je vais mettre en œuvre tout ce que j'ai appris de mes pratiques énergétiques. Je suis très peu entourée puisque mon compagnon de l'époque, B., dont j'ai déjà parlé, m'a seulement dit « Ce n'est pas possible, tu ne peux pas être malade avec le bien que tu fais autour de

toi ». Entendez par là « Tu ne peux pas être malade puisque j'ai besoin que tu t'occupes de moi ». Trois mois plus tard, je n'avais plus rien…

Ce qui est intéressant dans cette histoire est que normalement, j'aurais écouté ma peur et choisi de me faire opérer au plus vite. Mais quelque chose de profond me disait que je pouvais faire autrement. C'est en fait au moment où j'ai décidé de faire confiance à mon corps que j'ai commencé à guérir. Si les analyses n'avaient pas évolué, j'étais sereine parce que j'avais fait tout ce qui était en mon pouvoir pour comprendre ce que cette tumeur était venue me dire. Tout cela sans me mettre en danger, de façon concertée avec mon médecin, bien sûr !

Par la suite j'ai aussi compris que j'avais besoin d'une preuve de l'efficacité de ce que je pratiquais et qu'il fallait que cela passe par mon propre corps avant de pouvoir le transmettre efficacement aux autres.

Une étude a montré que ce qui conditionne le plus la guérison d'un patient, c'est tout d'abord la confiance qu'il a dans son médecin, puis la confiance que le médecin a dans sa propre technique et enfin la confiance que le médecin a dans la guérison de son patient. A mon sens, il manquait à l'étude la confiance que le patient a dans sa propre guérison. Je rencontre souvent des personnes qui ne se définissent que par rapport à leur diagnostic et laisse toute la place à leur maladie. Elles ont accepté une sentence parfois alarmiste car les médecins, qui subissent de nombreux procès, préfèrent sortir le parapluie de la mesure de précaution, avec un effet pervers de conforter le patient dans son état de malade. Et se penser malade, c'est se voir comme une victime.

Aucun thérapeute ne peut vous soigner, personne n'a ce pouvoir sur vous en dehors de vous-même. Le thérapeute va remettre votre énergie en mouvement, c'est votre corps qui fera le reste. Si vous ne vous engagez pas dans votre guérison, le symptôme peut disparaître mais le déséquilibre va persister et se manifester d'une autre façon dans votre corps, souvent plus violemment afin de se faire entendre.

Il est donc fondamental de comprendre que notre guérison nous appartient et que c'est à nous de décider de guérir.

En effet, tout le monde ne souhaite pas guérir. C'est un constat qui peut choquer mais nous trouvons souvent des bénéfices secondaires à nos maladies qui peuvent, consciemment ou inconsciemment, freiner notre retour à la santé. Rappelez-vous l'exemple de B. qui craignait, en allant mieux, de perdre sa prime handicap.

Pour guérir, il faut donc le choisir et s'engager dans ce choix par une pratique concrète et quotidienne. L'engagement, c'est l'impulsion qui va mettre en mouvement votre roue et, par la constance de votre pratique, cultiver votre énergie pour maintenir votre équilibre. De petites choses mises en place au quotidien seront les plus efficaces et il sera plus pertinent de consacrer à votre routine 5 minutes par jour que 3 heures par mois. Car la constance et la régularité vous permettront d'intégrer votre pratique pour en faire une habitude.

A une période de ma vie, j'étais une grosse fumeuse. J'avais plusieurs fois profité de moments où j'allais bien pour arrêter mais dès que ma vie s'assombrissait, je retournais à ma béquille préférée. Alors, au pire moment de ma vie, je me suis dit que comme j'allais déjà mal, cela ne pourrait pas être pire ! J'ai mis de côté tout l'argent que j'aurais passé en fumée pour m'offrir des massages. Le fait de décider de mettre cet argent au service de mon bien-être plutôt que pour me faire du mal a transformé ma relation à la cigarette. A chaque fois que j'étais tentée de reprendre, je me rappelais que j'avais réussi à m'en passer dans des moments bien pires et la dépendance s'est estompée.

La première façon de vous engager est de vous organiser pour pratiquer quotidiennement. Pour cela, je vous propose de formaliser un ensemble d'exercices qui vont devenir une habitude de vie, ce que j'appelle votre routine.

J'établis ma routine

Faites une liste de choses simples qui vous font du bien. Lire un bon livre, marcher, méditer, respirer, faire la cuisine, sourire, chanter... Trouvez des activités dont vous savez que vous pouvez les réaliser facilement. Vous pouvez écrire cette liste sur une grande feuille de papier, sur un tableau ou dans un fichier Excel. Engagez-vous à faire au moins une de ces activités chaque jour et notez vos activités quotidiennes. Une seule, pas plus. Au bout d'un mois, observez ce que vous avez fait. Avez-vous eu du mal ? Est-ce que vous faites toujours les mêmes choses ou variez-vous les plaisirs ? Le but est d'observer, pas de vous juger. Lorsque cette habitude est prise, passez à deux activités par jour. Eventuellement, ajoutez de nouveaux exercices (par exemple ceux de ce livre si vous l'avez lu jusqu'au bout !) et enlevez ceux qui vous semblent trop lourds pour l'instant. Ajustez votre liste en fonction de votre observation. Surtout n'essayez pas d'aller trop vite. Restez dans la simplicité et non la contrainte.

Continuez à faire vivre votre liste en faisant un point toutes les semaines, par exemple le dimanche, et augmentez votre objectif lorsque votre routine est devenue habitude, sans exagération. N'allez pas au-delà de 20 activités dans votre liste afin de ne pas vous disperser et visez au maximum un objectif quotidien de 10 exercices. De plus, restez sur des choses gratuites, rapides et qui vous semblent les plus efficaces. Plus votre pratique sera simple et fluide, plus il sera facile d'en faire une habitude. Ainsi, vous pourrez aussi pratiquer lorsque vous serez en déplacement ou en vacances, c'est-à-dire quel que soit votre environnement. Il est important de pratiquer lorsque votre vie est équilibrée autant que lorsque vous vous sentez perturbé. Lorsque vous sentirez les bienfaits de votre pratique, vous vous rendrez compte que si vous ne la suivez plus, vous sentirez même un malaise.

Une autre façon de soutenir votre pratique est de vous donner un axe de travail. Personnellement, je me donne un thème différent tous les ans. Cela oriente ma réflexion et mon énergie dans un but déterminé et je suis souvent surprise que la vie m'apporte naturellement des éléments et parfois des exercices dans cette direction !

Tableau 1 : Exemple d'axes de travail

Année	Thème
2012	La compassion
2013	La discipline
2014	La maîtrise
2015	L'honnêteté
2016	La simplicité
2017	L'humilité
2018	La légèreté
2019	La confiance

A titre d'illustration, voici la liste des mes axes de travail pour ces dernières années en espérant que cela vous inspire. Bien sûr, lorsque l'année se termine je n'ai évidemment pas fait le tour de toute la problématique mais toujours une nouvelle direction apparaît d'elle-même pour la suite du voyage.

Je vous propose donc de choisir un axe de travail. Cela peut correspondre à une qualité qui vous manque et que vous souhaitez développer ou une notion que vous avez envie d'explorer. En faisant cela, vous vous engagez à travailler dans cette direction pendant toute cette année, à rechercher des informations, sur Internet, dans des livres mais aussi discuter de ce thème autour de vous afin d'alimenter votre réflexion et trouver des exercices qui peuvent intervenir dans votre routine. Peut-être qu'en lisant la liste ci-dessus, vous avez réagi à un mot en particulier. D'autres thèmes possibles peuvent être : la joie, la force, la douceur, le courage, l'humour, la délicatesse, la sobriété, l'ouverture, la souplesse, le respect...

Je choisis le thème de mon année

Installez-vous tranquillement et contactez votre centre. Respirez tranquillement, relâchez-vous. Demandez-vous ce qu'il vous manque, ce que vous avez envie de faire grandir en vous et laissez la réponse émerger d'elle-même. Vous pouvez aussi penser à quelqu'un que vous admirez et choisir la qualité que cette personne incarne pour vous. Ne vous limitez pas, vous pouvez atteindre votre objectif puisqu'il s'agit uniquement de vous améliorer dans cette direction et non pas de devenir un modèle.

Faites-vous confiance, et si vous doutez de votre réponse, pourquoi ne pas prendre justement le thème de la confiance ?

Le chemin de l'engagement, c'est poser des actes concrets dans votre quotidien pour faire évoluer votre énergie. C'est le premier axe de ma roue parce que rien dans votre vie ne pourra changer si vous ne pratiquez pas. En tant qu'enseignant, je sais que l'apprentissage par le corps est plus pérenne que celui par l'intellect. Un maître de sabre japonais légendaire, Miyamoto Musashi a écrit un livre de référence inspiré du zen intitulé « *Traité des cinq roues* » qui peut aussi s'appliquer à la vie quotidienne ; il ponctue régulièrement son texte par « *Exercez-vous bien* ».

Le chemin de l'engagement, c'est en premier lieu la voie de la pratique.

Le chemin de la cohérence

J'écoute la sagesse de mon corps

Je viens d'apprendre que j'ai une tumeur à l'utérus. J'ai trois mois devant moi pour comprendre le message de mon corps. Je me mets tous les jours en contact avec mon ventre, je lui envoie de l'énergie par mes mains. Quand je contacte mon utérus, il me parle de mes viols. Certes, j'ai éliminé la charge émotionnelle de ces événements mais il reste des traces énergétiques. Cette tumeur est venue me dire de finir le travail. Je me rends alors compte qu'à chaque fois que je visualisais mon corps et ses organes, je ne voyais pas mon utérus, comme une zone aveugle contenant une information que je ne voulais pas voir... Je me mets alors à parler à mon utérus chaque jour et peu à peu, j'apaise mon histoire en nettoyant les empreintes de la violence subie.

Souvenez-vous de ma définition de l'énergie à savoir de l'information en mouvement. Lorsque le libre mouvement de l'énergie est entravé, cela entraîne tout d'abord un déséquilibre énergétique qui, s'il persiste, va produire un léger malaise puis une douleur aigüe et enfin une maladie ou une douleur chronique. Tout se passe comme si votre corps vous signalait le problème avec un petit panneau indicateur. Plus vous continuez votre route en ne tenant pas compte de cette information (voire en éliminant le panneau avec un médicament), plus le panneau grossit... pour finalement vous tomber dessus, afin d'être sûr de bien recevoir le message ! Car soyons honnêtes, notre corps nous hurle souvent ses messages que nous faisons tout pour ignorer.

La maladie n'est pas un problème à éliminer mais une information à comprendre.

Nous avons les réponses en nous, nous allons même naturellement mettre en place des choses pour nous faire du bien comme nous l'avons vu précédemment dans l'exemple de P. et du tricot.

Un matin, mon corps refuse de me porter. Je ne peux plus me lever, je n'en ai plus la force, je ne tiens plus debout. Ma première réaction est la panique « Qu'est-ce qu'il m'arrive ? ». J'ai toujours été solide et sportive. Mon corps a suivi beaucoup de mes activités extrêmes avec obéissance. Là, plus rien. « Et si cela durait tout le reste de ma vie, que je ne pouvais plus jamais me lever ? ». Allongée dans mon lit, je finis par me calmer. J'observe, j'écoute. Je suis depuis plusieurs mois avec un compagnon alcoolique qui me fait vivre un enfer. Je gère seule mon travail avec un collègue qui, sentant ma fragilité, en profite pour me harceler, ma maison où lorsque je rentre je me fais agresser par mon compagnon et je fais tout pour protéger mes enfants afin qu'ils ne s'aperçoivent de rien. C'est la guerre le jour, c'est la guerre la nuit, je n'ai pas de repos. Là, je comprends que mon corps me dit d'arrêter cette relation toxique maintenant, sinon je vais développer quelque chose de plus grave. Merci à lui de m'avoir prévenu de manière si spectaculaire mais sans conséquences majeures. Après avoir quitté mon compagnon, je mettrais plusieurs mois à retrouver mon équilibre physique mais je garderais de cette expérience l'habitude d'écouter mon corps.

Pendant très longtemps, j'ai considéré mon corps comme une machine qui devait suivre parfaitement ma volonté et la maladie comme une panne qu'il fallait réparer au plus vite pour fonctionner à nouveau. Je peux à présent le remercier pour avoir enduré tous mes caprices aussi longtemps avant de finir par craquer. **Avec cette expérience, je suis passée de l'idée que j'ai un corps à celle que je suis un corps.**

Notre corps n'est pas un outil, c'est l'expression de ce que nous vivons, nous disons, nous pensons, l'expression physique de notre énergie.

Certes nous pourrions penser qu'avec toutes les publicités qui nous étalent des corps retouchés (physiquement ou numériquement), nous n'avons jamais autant célébré nos corps. Rectification : nous célébrons l'image de nos corps, les corps en deux dimensions, des corps à plat, sans volume, sans chair, sans ressenti, désincarnés. Regardons un défilé de mode, cela ne respire ni la joie, ni le plaisir et encore moins la santé ou le bonheur !

Je vous propose de vous reconnecter avec votre corps de l'intérieur, dans votre chair et votre ressenti, pas dans son apparence mais dans toute son expression physique afin de retrouver le chemin de la joie à travers votre énergie.

S. est une femme enceinte de son premier enfant, une petite fille. Elle vient me voir, contente que j'accepte de la masser. En effet, peu de gens acceptent de masser les femmes enceintes car cela nécessite certaines précautions mais ce n'est en aucun cas une contre-indication majeure. Avant de commencer, elle me confie qu'elle a un diabète de grossesse. Comme elle est médecin, je lui demande si elle y voit une contre-indication. Elle me répond que non et qu'elle souhaite vraiment ce massage. Durant la séance, je perçois un déséquilibre de l'énergie liée à l'élément Terre et les fortes difficultés relationnelles avec sa mère ; d'ailleurs des émotions liées à ces problèmes lui reviennent. Nous nettoyons ensemble ces vieilles énergies et elle part sereine. Lorsque je la revoie, elle me confie qu'elle n'a plus de diabète ! C'était le bon moment pour lui permettre d'apaiser sa relation avec sa mère, alors qu'elle s'apprête à devenir maman d'une petite fille à son tour. Le diabète n'est venu que pour lui permettre de signaler le besoin de son corps et son énergie afin de revenir à l'équilibre.

Tout ce que vous avez vécu s'est imprimé dans votre schéma énergétique et modifie la circulation de l'énergie dans votre corps. A partir du moment où cela vient à votre conscience et où la parole se libère, la charge énergétique, le blocage peut être levé et l'énergie se remet à circuler librement. Très souvent, lors des massages, des souvenirs ou des émotions refoulés émergent car le toucher est un outil puissant pour venir contacter les mémoires du corps. Pour plus d'information, je vous renvoie à mon premier ouvrage[2]. C'est pourquoi les pratiques intégrant le corps physique sont aussi efficaces. Car notre mental est très bien entraîné à nous mentir ; de nombreux phénomènes identifiés par la psychologie, comme le refoulement ou le transfert, l'attestent. Notre corps, lui, ne ment jamais. L'information est là, attendant que nous venions la chercher.

---

[2] *Le massage* chez Eyrolles

Non seulement notre corps a toutes les informations mais en plus il ne ment pas

La santé, c'est l'harmonie, l'équilibre de votre énergie. Si vous faites quelque chose avec laquelle votre corps est en désaccord, cela aura un impact sur votre énergie. Différentes pratiques ont mis en avant le fait que lorsque quelque chose est mauvais pour nous, notre tonus musculaire diminue ; cela est utilisé par les tests de kinésiologie ou les biotests. En fait, c'est tout notre équilibre qui est affecté. Ce que je vous propose est, plutôt que d'utiliser un pendule ou des baguettes pour visualiser des réponses, d'interroger directement notre corps et d'observer ses réponses. Pour vous en convaincre, pour pouvez faire une expérience simple, éventuellement devant un miroir. Mettez-vous debout et pensez un grand OUI, vous verrez votre corps se pencher légèrement en avant. Pensez à présent NON et observez, votre corps a tendance à reculer. A partir de ce constat, vous pouvez développer de nombreux exercices simples pour écouter votre corps et lui demander ses réponses. Je vous en propose un très facile qui peut aisément devenir un allié au quotidien.

Je développe mon curseur intérieur

Fermez les yeux, respirez calmement. Visualisez votre énergie comme un curseur au centre de votre corps, comme l'indicateur d'essence de votre voiture. Si vous êtes en forme, le curseur est plutôt vers le haut ; si vous vous sentez fatigué, le curseur est plus vers le bas. Observez votre état actuel, sans jugement, contentez-vous de constater. A présent, pensez à quelque chose de triste, quelqu'un que vous n'aimez pas ou un moment difficile de votre vie. Sentez alors le mouvement que cette pensée produit dans votre corps ; vous pouvez vous sentir vidé, lourd, sombre... Les sensations sont très différentes pour chacun mais c'est **votre** sensation qui importe. Regardez l'impact sur votre curseur. Pensez à présent à quelque chose de joyeux et observez la variation dans votre corps et sur votre curseur. Sans bouger, juste avec vos pensées, vous avez modifié votre état intérieur et votre énergie ! En prenant conscience de ces variations dans vos activités quotidiennes, vous identifierez rapidement ce qui vous convient le mieux et ce qu'il vous faut plutôt éviter.

La cohérence consiste à aligner vos actions et vos pensées avec votre énergie. Vous pouvez observer vos activités quotidiennes à l'aide de ce curseur afin de savoir si elles vous soutiennent ou si elles vous pèsent. En cas de doute, sur un projet, une relation, vous pouvez demander à votre corps ce qu'il en pense. En prenant l'habitude d'observer votre curseur et l'impact de ce que vous faites sur votre énergie, vous pourrez au moins avoir des informations sur ce qui vous est bénéfique et faire vos choix en conscience. Bien sûr, si je sens qu'aller au travail ne m'enchante pas, je ne vais pas forcément démissionner, mais je peux réfléchir à une façon de transformer mon travail, en changeant de poste, en me lançant dans un nouveau projet, en changeant peut être aussi ma façon de penser mon travail. Ce qui est certain est que si vous persistez à faire des choses qui sont en désaccord avec votre énergie, vous êtes en train de créer vos futures maladies !

Une autre façon de cultiver notre cohérence consiste à observer nos rythmes. L'énergie, nous l'avons vu, est une vibration et cette vibration s'effectue à un certain rythme. Notre corps abrite de nombreux rythmes différents dont la combinaison fait de nous une personne unique. Il y a notamment trois rythmes majeurs qu'il nous est facile d'observer : notre rythme respiratoire, notre rythme cardiaque et notre rythme cérébral. A priori, le seul rythme sur lequel nous pouvons agir délibérément est le rythme respiratoire, et pourtant nous savons que les yogis de haute volée ont une profonde maîtrise qui leur permet de ralentir les battements de leur cœur jusqu'à ce qu'ils soient difficilement perceptibles. Les neurosciences ont également prouvé l'impact de la méditation sur l'activité cérébrale. Bonne nouvelle, nul besoin de partir dans un ashram ou un monastère zen, vous aussi vous pouvez agir sur vos différents rythmes en y mettant un peu de conscience.

Car la clé est bien là, la conscience. Combien de respirations faisons-nous chaque jour ? Environ 26 000 en moyenne. Et combien en faisons-nous en conscience ? Toutes les pratiques spirituelles attachent une importance particulière à notre souffle comme accès principal à notre énergie. Avec l'avantage que nous respirons tous et tout le temps (sinon dites-moi comment vous faites pour lire ce livre), donc cette porte nous est toujours ouverte. Or, nous ne savons plus respirer... ou du moins plus respirer naturellement. Observez un bébé qui pleure : il gonfle son ventre puis propulse son cri d'une puissance étonnante pour un si petit être ! C'est parce que les bébés ont une respiration naturelle, la respiration abdominale. La respiration abdominale consiste à abaisser le diaphragme en gonflant le ventre pour ensuite expirer doucement et laisser le ventre revenir en place. Or, la tyrannie de l'apparence et du ventre plat fait que depuis l'enfance, nous sommes corsetés dans des vêtements qui entravent ce mouvement naturel. Revenez voir votre miroir. Posez une main sur votre poitrine et une sur le ventre et respirez comme vous en avez l'habitude. Il y a fort à parier que seule votre main sur la poitrine a bougé lorsque vous avez remonté les épaules pour garder votre ventre plat. Malheureusement, ce conditionnement est à la base de nombreux problèmes dans notre société, à commencer par le stress.

En effet, en faisant cela vous entravez votre diaphragme et vous vous empêchez d'avoir une respiration profonde, complète. Votre énergie reste bloquée dans le haut du corps, générant des tensions sur les trapèzes, des problèmes de cervicales, des maux de têtes, des maux de dos, de l'émotivité, des problèmes pour s'endormir, de la rumination, des problèmes de digestion... Combien de personnes viennent me voir avec tous ces soucis ! Et si la solution consistait seulement à mieux respirer ? Trop simple ? Pourquoi ne pas essayer ?

Si nous ne devons faire qu'une seule chose pour notre santé, retrouvons notre respiration abdominale.

Je pratique la respiration abdominale

Asseyez-vous confortablement, les deux pieds posés à plat sur terre et le bassin stable. Posez vos mains sur votre ventre, à hauteur de votre *hara*. Observez votre respiration. Est-elle rapide ou lente ? Profonde ou superficielle ? Prenez le temps de vous observer sans vous juger. Puis concentrez-vous sur vos mains et inspirez doucement en lâchant le contrôle de votre ventre de telle façon que vos mains soient repoussées. Laissez ensuite votre ventre revenir naturellement en place, ne vous inquiétez pas, il reviendra ! Cette respiration permet même de tonifier vos abdominaux.

Déjà, juste en faisant cela, vous êtes sur la voie de la méditation. Car on parle beaucoup des bienfaits de la méditation mais souvent les personnes sont impressionnées par ce terme, pensant que vous devez avoir une approche spirituelle pour la pratiquer. Or, il n'y a pas une mais des méditations, justement selon les courants culturels. La façon la plus simple de méditer, c'est de vous asseoir et d'observer votre respiration. Rien de plus. Si vous faites cela ne serait-ce que 5 minutes par jour, vous pouvez commencer à en voir les effets au bout d'une semaine. C'est la pratique la plus efficace que je connaisse, et vous pouvez me croire, j'en ai essayé !

Pourquoi prendre conscience de sa respiration ? Parce que si elle dépend de votre état physique et psychologique, l'inverse est également vrai : elle conditionne votre état d'esprit. En effet, l'expiration a un effet calmant sur votre corps et votre énergie alors que l'inspiration a un effet stimulant. Lorsque vous voulez évacuer une tension ou une douleur, vous soufflez ou vous criez pour vous soulager. Lorsque vous voulez prendre des forces ou vous donner du courage, vous inspirez. Donc, si vous êtes stressé, privilégiez l'expiration, soufflez doucement le plus longtemps possible pour calmer votre système nerveux.

Je contacte mes rythmes

Assis comme précédemment, concentrez-vous à nouveau sur votre respiration en allongeant doucement l'expiration. Observez l'effet sur votre énergie, dans votre corps, éventuellement en utilisant votre curseur. Fermez les yeux et observez encore. Votre curseur a-t-il évolué ? A présent, prenez votre pouls, soit sur votre poignet, soit à votre cou. Sentez vos battements, sentez votre rythme cardiaque. Observez les variations de votre rythme cardiaque avec votre respiration. Celui-ci accélère légèrement lors de l'inspiration et ralentit lors de l'expiration ; sentez ces variations.

Ainsi, vous avez un moyen d'agir non seulement sur votre énergie à travers votre respiration, mais également sur votre rythme cardiaque, que vous pouvez calmer. Je me sers régulièrement de cette technique en cas de stress mais aussi lorsque j'ai des bouffées de chaleur dues à la ménopause. Dans cette expérience, vous avez également joué sur votre rythme cérébral car, lorsque vous fermez les yeux, vous allez naturellement ralentir votre activité cérébrale et favoriser l'état de relaxation, voire de méditation.

Faire régulièrement cet exercice vous permet de réguler votre énergie et vous permet de mieux appréhender quels sont vos rythmes. En effet, comme nous avons tous des rythmes différents, ces rythmes interviennent dans nos relations. Quand je suis calme et qu'une personne stressée vient me parler, si je n'ai pas clairement conscience de ce décalage, je risque de me faire embarquer dans son stress en accélérant mon propre rythme pour pouvoir communiquer avec elle. Alors qu'en restant calme, je peux justement lui permettre de revenir doucement à son équilibre. De même avec mon compagnon ; il a un rythme cardiaque plus lent que le mien alors que son rythme respiratoire est plus rapide. Il est en général moins réactif émotionnellement que moi, mais il a tendance à s'inquiéter plus facilement en cas de maladie... Je reste persuadée qu'une bonne part de l'incompréhension entre hommes et femmes vient du fait que nous fonctionnons sur des rythmes différents.

Le chemin de la cohérence, c'est être attentif à notre corps et ses rythmes pour choisir d'agir en alignement avec notre énergie.

Le chemin de la résilience

J'apprends de chaque expérience

T. est une thérapeute en vue qui propose un stage où elle reprend à son compte des idées que je lui ai confiées, sans me citer. Ma première réaction est de me dire que cela prouve que mes idées étaient bonnes. Ensuite, je pense qu'il est dommage pour elle de s'appuyer sur les idées des autres plutôt que les siennes. Puis je regarde ce qu'elle propose et me rend compte qu'elle les a reformulées de façon à être plus attractives. Je me dis qu'elle m'a montré qu'il serait bon de revoir ma formulation non pas pour que ce soit plus vendeur, mais pour que ce soit plus accessible. Dernière conclusion, T. m'a permis de comprendre que j'ai besoin d'être entourée de personnes créatives.

Mon parcours de vie est un parcours de résilience, au début, cela a même été un parcours du combattant ! En effet, je me rappelle que lorsque j'avais 5 ans, je me suis dit qu'il n'y avait pas de bonne ou de mauvaise expérience et que c'était à moi d'apprendre à transformer les événements douloureux de mon existence pour grandir. Je suppose que cela a conditionné mon comportement en ne me déterminant pas comme une victime, que cela m'a permis de prendre de la distance et d'avancer malgré les difficultés. Durant mes études scientifiques, j'ai découvert à la fois la citation célèbre de Friedrich Nietzsche « *Ce qui ne me tue pas me rend plus fort* » mais également la phrase d'Albert Einstein « *Au centre de la difficulté se trouve l'opportunité* ».

Ce qui m'a paru difficile à vivre à un moment m'a tellement appris sur moi que je n'ai aucun regret ; cela m'a permis de trouver des ressources que je partage avec vous aujourd'hui. Cependant, à présent je choisis plutôt de grandir dans la douceur ! Je ne résiste pas à vous raconter un conte zen pour illustrer mon propos.

Un fermier reçoit en cadeau un cheval blanc. Son voisin lui déclare :
- Vous avez beaucoup de chance !
Le fermier répond :
- Je ne sais pas si c'est une bonne ou une mauvaise chose...
Plus tard, le fils du fermier monte le cheval, il tombe et se casse la jambe.
- Quelle horreur ! dit le voisin.
- Je ne sais pas si c'est une bonne ou une mauvaise chose... répond à nouveau le fermier.
Par la suite, la guerre éclate. Tous les jeunes gens sont mobilisés, excepté le fils du fermier...

En fait, l'histoire peut continuer mais à quel moment se termine-t-elle ? S'il faut attendre la fin de l'histoire pour savoir ce qui est bon ou mauvais pour nous, est-ce que ce sera au moment de notre mort ? J'entends souvent des personnes me parler de bonne ou de mauvaise énergie. Je n'adhère pas à cette vision des choses.

L'énergie est neutre puisque c'est de l'information. C'est notre façon de réagir à cette information qui nous sera bénéfique ou pas.

Imaginons que je sois sur l'autoroute et que je vois un panneau indicateur « *Lorient 30 km* ». Le panneau me donne une information à laquelle je vais réagir différemment selon les circonstances. Si j'ai conduit toute la nuit depuis l'autre bout de la France et que je suis en train d'arriver chez moi, je vais me sentir soulagée et cela va me réconforter, la maison n'est plus très loin. Si je suis sur le bord de cette route avec ma voiture en panne, le même panneau donc la même information va me décourager ! Alors au lieu de tuer le messager en l'accusant de porter de mauvaises énergies, interrogeons-nous plutôt sur le pourquoi de notre réaction. Il est clair que certaines informations et donc certaines énergies ne nous conviennent pas, mais ce qui ne nous convient pas peut très bien convenir à quelqu'un d'autre. Ainsi, j'ai conscience que les expériences que je vous propose et qui sont issues de mon parcours et ma pratique personnelle peuvent très bien ne pas correspondre à certaines personnes. Aussi sentez-vous libres de les adopter ou pas, et de les adapter à votre propre besoin. Je ne professe aucun dogme, je me contente de vous proposer des pistes.

Après m'être retrouvée dans les mains d'un dentiste douteux que je n'avais d'ailleurs pas choisi, j'ai développé un flegmon amygdalien tellement important qu'il m'empêche de respirer. J'ai essayé en vain de percer l'abcès (on ne se refait pas !). Je contacte mon médecin qui est en vacances. Aucun ORL n'est disponible pour me recevoir. J'obtiens enfin une consultation à l'hôpital. Sur le chemin, une voiture percute la mienne par l'arrière ; la conductrice parle peu français et je n'arrive que difficilement à lui faire comprendre que je ne suis pas capable de parler et que je dois aller d'urgence à ma consultation plutôt que de faire un constat sachant que les dégâts sont mineurs. Arrivée enfin à l'hôpital, le médecin essaye en vain de percer l'abcès ; je dois donc être hospitalisée. Dans ma chambre, une gentille infirmière me dit qu'elle est stagiaire et s'y reprend de nombreuses fois avant d'arriver à me faire une prise de sang... Je me dis que décidément, ce n'est pas mon jour ! Tout mon programme est perturbé et je me retrouve dans une chambre d'hôpital pour plusieurs jours, pour la première fois de ma vie en dehors de mes accouchements. A ce moment-là, plutôt que de m'énerver contre un tel manque de chance (vous avouerez tout de même que j'avais matière...), je décide de lâcher prise et de profiter de ce temps pour me reposer, me laisser faire et pratiquer le chant seule puisque je vais rater une leçon prévue avec mon professeur. Là, tranquillement, je joue avec les sons, je varie la hauteur jusqu'à trouver une fréquence et une intensité où mon abcès se crève de lui-même ! Ce jour-là, j'ai ressenti dans mon corps la puissance de guérison des sons.

Ce qui va faire la différence est ce que **vous choisissez** de faire avec cette information, ce sont vos actes. Par exemple la colère, lorsque vous savez la transformer, est un formidable moteur pour votre créativité, c'est même grâce à elle que j'ai écrit mes livres.

Je suis en 4ᵉ et dernière année de formation de shiatsu. L'année dernière, mon professeur U. m'a demandé, alors que j'étais en avance sur les autres, de faire un travail supplémentaire qui rentre plus dans son cadre. En effet, il me reprochait de ne pas limiter ma lecture des corps à la seule pratique du shiatsu. Je me suis exécutée consciencieusement. Durant cette dernière année, il nous a été demandé de faire un mémoire. Je me prends au jeu et mon tempérament de chercheur reprend le dessus. Je produis un document conséquent, très largement au-dessus de ce qui est attendu et portant sur la conscience dans le toucher. J'en profite pour insister sur les aspects éthiques en espérant que cela sera l'occasion de parler avec U. de certaines dérives que j'ai pu observer durant la formation. Je n'ai aucun retour pendant 6 mois et finalement U. me fait des remarques qui me semblent porter plutôt sur des détails que sur le fond de mon travail. Une fois encore dans ma vie, je me sens dévalorisée par une autorité masculine ce qui me met en colère. En d'autres temps, je serais montée au créneau pour que mon travail soit reconnu à sa juste valeur. Mais là, j'ai conscience de la qualité de ce que j'ai fait et décide d'envoyer le manuscrit à des éditeurs. Je recevrai plusieurs réponses positives et finalement l'éditeur avec lequel j'ai signé me dira que mon travail est trop conséquent pour un seul livre, il faut en faire deux ! Ce sera le début d'une belle aventure...

A partir du moment où j'ai identifié mon besoin de reconnaissance, j'ai pu aller la chercher ailleurs que chez U. qui visiblement n'était pas capable de comprendre ce que j'avais fait et me donner ce que j'attendais. Une fois encore, le simple fait de transformer le problème pour aller chercher la réponse ailleurs était une façon de rebondir, peu importe le retour des éditeurs. En l'occurrence, le retour a dépassé mes attentes et m'a permis de comprendre et modifier ce schéma énergétique récurrent dans ma vie. Einstein, encore lui, disait qu'**on ne peut pas résoudre un problème avec le même mode de pensée que celui qui a généré le problème.** Certains vont vous dire qu'il s'agit d'un saut quantique, pour ma part, je préfère parler de rebondir. Et surtout, comme le dit si bien mon compagnon « *Pour rebondir, il faut avoir les pieds sur terre !* ».

La résilience, c'est passer de la réactivité à la créativité.

Il nous appartient donc de transformer ce qui ne nous convient pas dans nos vies, je dis bien le transformer et non le nier ou le fuir. Car transformer une émotion, comme par exemple la colère, implique de l'accueillir. Or cette émotion est une grande mal-aimée dans notre société. Mais l'énergie qui est à l'origine de la colère en médecine traditionnelle chinoise est celle de l'élément Bois. C'est la même énergie qui est la source de la créativité. Imaginez un enfant comme une jeune plante qui pousse, qui se développe, qui expérimente le pouvoir de la vie. Son énergie naturelle du bois s'exprime par la créativité, la découverte, l'exploration. S'il grandit dans un environnement très contraignant, très jugeant avec des parents contrôlants, cela aura pour effet de lui couper les branches. Il ne pourra pas s'épanouir et son énergie Bois, brusquement interrompue dans son mouvement créateur naturel, va se transformer en colère. Je connais bien ce processus puisque j'ai vécu plus de 40 ans dans la colère ! Or, si vous repoussez votre colère, si vous l'enfouissez, si vous la niez, vous ne pourrez pas procéder à l'alchimie et vous vous couperez de votre énergie Bois et donc de votre créativité. En plus, il y a de fortes chances pour qu'elle s'exprime tout de même dans votre corps par des douleurs de foie ou de vésicule biliaire, des problèmes d'épaule ou des maux de tête.

Je ne suis pas en train de dire que vous devez laisser éclater librement votre colère et vous décharger sans scrupules sur votre entourage. L'écologie de la guérison, c'est aussi se sentir responsable de l'alchimie de nos émotions. La colère est un réflexe naturel, vous n'avez pas à vous en vouloir de la ressentir puisqu'elle va apparaître spontanément dès que vous allez ressentir une agression. Cependant, lorsque la situation d'agression disparait, si la colère ne disparaît pas, vous devez alors comprendre ce que cette information est venue vous dire sur vos besoins plutôt que de chercher à l'entretenir.

Nous avons le droit d'être en colère mais nous avons le devoir de nous en occuper pour qu'elle ne nuise à personne, nous compris.

Parfois certaines personnes ne savent pas qu'elles sont en colère. Elles ont pris l'habitude de se la cacher. Pourtant notre corps, lui, garde souvenir de cette colère. Un très bon indicateur est le point qu'on appelle 21VB (pour le 21e point du méridien Vésicule Biliaire en médecine traditionnelle chinoise). Il se situe à mi-distance sur la ligne qui unit la 7e cervicale à l'extrémité externe de la clavicule, côté fosse sus-claviculaire. Ou plus simplement dans la partie la plus haute et la plus charnue de votre trapèze à mi-chemin entre le cou et l'épaule.

Je masse le point de la colère

On appelle ce point 21 VB le point de la colère car il est douloureux ou sensible lorsque nous avons connu des colères récentes. Massez-vous le trapèze à pleine main régulièrement pour évacuer vos colères courantes. Si ce point est douloureux, allez le chercher du bout des doigts et massez-le dans le sens inverse des aiguilles d'une montre. Regardez des deux côtés car il est possible de percevoir une différence entre côté gauche ou droit. En contactant ce point dans votre corps, vous pouvez entrer en contact avec votre colère et certains événements ou certaines émotions peuvent revenir en surface pour vous aider à les éliminer.

Partant du principe qu'il vaut mieux prévenir que guérir, il vous sera profitable de masser régulièrement cette zone pour évacuer vos tensions plutôt que d'attendre que les symptômes se déclarent. Cependant que faire avec des colères anciennes dont vous n'arrivez pas à vous défaire ?

Je suis à un salon bio à l'autre bout de la France. Je viens de commencer ma conférence depuis 10 minutes lorsque je vois débouler à toute allure V., l'organisateur qui m'a fait venir. Alors que je parle calmement, il se précipite vers un homme au premier rang et sans se préoccuper du public ou de moi, lui demande de quitter la salle. Comme l'autre refuse, ils en viennent aux mains. N'ayant pas les informations me permettant d'intervenir, je reste en retrait en me disant que le public, qui n'a pas payé de place, va sûrement partir. Au bout de 15 minutes et l'intervention de la sécurité, je reprends le fil de mon propos devant le public qui, à mon grand étonnement, est resté « Bon, j'avais prévu de vous parler de la colère en fin d'intervention, mais puisque nous avons la matière, nous allons travailler dessus tout de suite ! ». Je montre alors aux personnes comment travailler sur l'émotion que cet épisode a fait émerger en eux. Le public est convaincu voire enthousiaste devant pareille démonstration et j'ai réussi à transformer un désagrément plus qu'inattendu en expérience utile. Pour terminer l'histoire, V. ne s'excusera pas et je me suis juré de ne plus avoir affaire à lui, d'autant plus que j'ai appris qu'il avait enregistré ma conférence pour en revendre le CD à son bénéfice exclusif[3] !

Comment accueillir votre colère ? Votre colère vient lorsque vous devez changer quelque chose dans votre vie. Elle restera tant que vous n'aurez pas répondu à ce besoin. Je vous propose une façon parmi

---

[3] J'ai donc mis cette conférence en accès libre sur mon site.

d'autres d'écouter l'information véhiculée par la colère. Car la colère nous pousse à agir, elle amène l'énergie vers le haut du corps pour bouger ou se défendre. C'est une énergie de mouvement. Il faut donc un peu d'habitude pour s'asseoir tranquillement et accepter de dialoguer avec sa colère plutôt que de s'agiter en tous sens ! Vous pouvez commencer par des exercices respiratoires pour vous calmer.

J'écoute ma colère

Installez-vous tranquillement et concentrez-vous sur votre centre et votre respiration. Observez votre énergie : où en est votre curseur ? Observez alors la situation qui génère en vous de la colère comme si vous étiez au cinéma, laissez le scénario se dérouler et regardez ce qu'il se passe en vous. A présent, contactez votre colère. Observez où elle se manifeste dans votre corps. Dans la gorge ? La poitrine ? Le ventre ? Les poings ? La mâchoire ? Repérez tous les signes de votre colère. Puis donnez-lui une forme, une taille, une texture, un volume, un mouvement. Cela peut être un animal, un objet, un être légendaire. Prenez le temps de voir la forme qu'elle prend, de la sentir. Lorsque l'image est claire, parlez-lui. Demandez-lui ce qu'elle vient vous dire, pourquoi elle est là et de quoi elle a besoin. Poursuivez le dialogue jusqu'à obtenir toutes ces informations puis remerciez-la et engagez-vous à faire quelque chose pour elle.

Ma colère se manifeste comme un cheval enflammé. Plus il galope vite, plus je sais que la colère est forte. Lorsqu'il broute en paix, sans flammes sur son corps, je sais que ma colère est au repos. Un ami s'est vu en Hulk... Il faut dire que c'est un bel archétype de la colère et qu'en plus le vert est la couleur liée à l'énergie du bois. N'hésitez pas à refaire cette expérience, elle peut vous apporter de nombreux messages, pas seulement concernant la colère mais aussi toutes les autres émotions comme la peur ou la tristesse.

> **Le chemin de la résilience, c'est « faire feu de tout bois » et apprendre à transformer les événements de notre vie en enseignements profitables.**

Le chemin de la présence

Je guide mon énergie en conscience

Je suis au stage de W. ayant pour thème la présence. W. prend un air inspiré pour dire des choses qui me paraissent très justes mais qui ne me touchent pas vraiment. Ma tête dit oui, mon corps dit non et je ne comprends pas pourquoi. A un moment, elle nous informe que le lendemain, elle décolle pour l'Amérique du Sud et qu'elle se sent déjà là-bas. Je réalise alors avec une certaine ironie que le stage sur la présence se déroule avec une femme qui n'est pas présente parmi nous puisque son esprit est déjà ailleurs !

J'ai aussi compris que le mot présence ne représentait pas la même chose pour nous deux. Pour W. c'était la Présence au sens du divin, de se connecter au Ciel. Pour moi, c'est la présence, notre présence en connexion avec la terre, ici et maintenant.

Si nous ne sommes pas présent, notre énergie ne peut pas l'être non plus.

Combien de fois faisons-nous une chose en pensant à une autre voire plusieurs autres ? La plupart du temps, il faut bien l'avouer. A tel point que de récentes études portent sur la charge mentale des mères de famille comme facteur de stress et de burn-out. La pleine conscience est à la mode, on en parle beaucoup et on a même tendance à la mettre à toutes les sauces. Le zen proposait déjà il y a 1500 ans d'être complètement présent à ce que nous faisons. Dans les arts martiaux, on parle de *zanshin*, un état de vigilance, d'attention et de présence. Pour sentir cet état, je vous propose une technique très simple. Ralentir.

Je ralentis

Versez-vous un verre d'eau et buvez-le le plus lentement possible, en prenant conscience de chacun de vos gestes, de la texture et la couleur du verre, son poids dans votre main, de la sensation de l'eau dans votre bouche, sur votre langue, dans votre gorge... Cela fonctionne aussi avec une tasse de thé ! En ralentissant, vous ne perdez pas votre temps, vous prenez seulement le temps de faire **mieux** les choses et vous éliminez les actions parasites.

Cette expérience peut évidemment être réalisée sur toute action quotidienne : manger, marcher, se laver... Être présent, c'est savoir conserver son rythme même lorsque tout s'accélère autour de nous. Un dicton zen dit d'ailleurs « *C'est lorsque vous n'avez plus le temps de méditer qu'il devient urgent de méditer* » pour signifier que si nous laissons notre temps nous échapper, que nous subissons les urgences extérieures, nous ne pourrons pas être sereins.

Ne confondons pas urgence et importance

Et parmi tous les parasites, il faut bien le dire, viennent toutes les sollicitations extérieures qualifiées d'urgentes. Or, je surprends souvent mes interlocuteurs en leur rappelant que **leurs urgences ne sont pas les miennes** et en leur demandant de me préciser plutôt l'importance de la tâche. Je passe alors de la tyrannie de l'horloge à une prise de conscience du sens de ce qui m'est demandé. Ralentir me permet de laisser émerger l'essentiel parmi toute l'agitation et de ne plus écouter le bruit.

E., la thérapeute dont j'ai déjà parlé précédemment, nous décrit un voyage en Asie qu'elle organise. Elle insiste sur tous les pouvoirs que ce séjour peut nous apporter car il comporte nombre de pratiques de nettoyage, de soin et de guérison. J'écoute son argumentaire commercial bien rodé. A un moment, je lui dis « On peut faire tout cela ici ». Elle répond immédiatement, comme tout bon vendeur, « Oui, mais là-bas, c'est plus puissant ! ». Elle continue sur le même ton, je n'écoute déjà plus quand les cloches de l'église Sainte Thérèse juste derrière chez moi se mettent à sonner. Je dis alors au groupe que les cloches bien de chez nous, si on les écoute avec attention, ont le même effet qu'un soin aux bols tibétains. E. n'écoute rien et continue, prise dans son illusion qu'ailleurs, c'est mieux...

L'herbe est toujours plus verte chez le voisin ! Evidemment nos envies d'exotisme sont une manne pour les vendeurs de séjour bien-être. Et pourtant, en ce qui concerne le travail énergétique, cela me semble une aberration. Comment avons-nous pu à ce point nous couper de nos racines pour ne plus savoir apprécier nos arbres, nos pierres et nos lieux sacrés ? Croyez-vous vraiment que les énergies d'un pays étranger, tout comme la nourriture, soient plus adaptées à notre corps qui lui, vit ici depuis sa naissance ? J'apprécie beaucoup la nourriture asiatique et j'ai un magnifique souvenir de mon séjour au Japon. Mais penser que les arbres d'ici sont moins chargés en énergie ou moins puissants ne révèle que notre aveuglement. Nos ressentis sont peut-être autres mais n'est-ce pas plutôt parce qu'à l'étranger nous sommes libérés de nos contraintes quotidiennes et que nous voyageons avec les yeux écarquillés, avec une envie de découverte et une ouverture que nous ne sommes pas capables de cultiver chaque jour.

L'écologie de la guérison, c'est aussi retrouver la connexion avec notre environnement, réhabiliter nos arbres, nos plantes, nos cailloux. Tout ce qui peut être fait à l'autre bout du monde peut aussi l'être ici, j'en suis convaincue. Je vis en Bretagne et je peux vous assurer que l'énergie de cette terre n'a rien à envier aux autres endroits de notre planète ! Chaque fois que je voyage, je reviens heureuse chez moi en me disant que j'ai une grande chance de vivre ici. Il ne tient qu'à moi d'apprendre à apprécier tout ce que la nature m'offre, ici. Parce que notre bien-être se construit ici, notre énergie évolue ici et que parfois même, vouloir à tout prix s'imposer des téléportations avec les voyages en avion pour ensuite subir des rituels qui ne nous correspondent pas forcément peut être une façon brutale de travailler sur notre énergie plutôt que de le faire à notre rythme, tous les jours et beaucoup plus respectueusement de qui nous sommes.

Être présent, c'est aussi avoir conscience d'où se dirigent nos pensées. En effet, avec le curseur intérieur, nous avons vu que nos pensées ont un impact immédiat sur notre énergie. Si vous vous voyez comme quelqu'un de malade, de souffrant, d'impuissant, vous ne donnez pas à votre corps les moyens de se guérir.

Pensez-vous, sentez-vous plein de vie et d'énergie, c'est bon pour la santé !

Voltaire disait « *J'ai choisi d'être heureux parce que c'est bon pour la santé* ». Et il avait raison ! Les études scientifiques ont démontré que les personnes ayant des pensées positives sont en meilleure santé que les autres et qu'elles guérissent plus vite. Si vous vous pensez malade, vous focalisez votre énergie sur la maladie et vous la laissez prendre plus de place dans votre vie. Si vous vous concentrez sur le pouvoir de guérison de votre corps, son potentiel de santé, les parties de votre corps qui sont en pleine forme, vous favorisez la circulation de votre énergie et le retour à l'équilibre. Cela fonctionne également en cas de douleur. Souvent, lorsque nous avons mal, notre attention est attirée par la zone douloureuse et nous nous crispons. Alors que si nous arrivons à nous relâcher, à respirer dans cette zone pour y laisser circuler l'énergie et à privilégier l'expiration, la douleur s'estompe ; c'est un entraînement classique dans les arts martiaux quand on apprend à recevoir un coup. Vous pouvez aussi, par exemple si vous avez mal à l'épaule droite, porter votre attention, vous concentrer sur votre épaule gauche (à condition qu'elle ne soit pas douloureuse aussi) en respirant profondément. Vous verrez la sensation de douleur diminuer.

Nous pouvons aussi diriger notre énergie vers un organe malade pour l'aider à guérir, comme j'ai pu le faire avec ma tumeur. Pour cela, vous pouvez utiliser un exercice simple qui peut aussi servir dans une routine quotidienne à titre préventif.

Je pratique le sourire intérieur

Installé confortablement, fermez les yeux et visualisez en face de vous un visage qui sourit, un smiley ou un grand soleil, à votre convenance. Sentez ce sourire entrer en vous et aller sourire à votre cerveau, l'hémisphère gauche, puis le droit. Puis souriez à vos yeux, à vos oreilles et à l'ensemble de votre visage jusque dans votre bouche. Visualisez le sourire qui glisse doucement le long de votre gorge pour arriver dans la poitrine. Laissez le sourire s'y épanouir et ouvrir votre thymus, votre cœur associé à une lumière rouge et balayez vos poumons auxquels vous pouvez envoyer une lumière blanche. Le sourire est à présent au niveau de votre plexus solaire, il irradie et se déplace dans votre foie. Prenez le temps de visualiser l'intérieur de votre foie et de lui sourire en lui associant une lumière verte. Même chose pour votre rate et votre estomac avec une lumière jaune. Vous passez ensuite aux reins, souriez à chacun d'eux et envoyez une lumière bleue. Puis descendez dans la zone génitale pour envoyer de la lumière rose. Faites remonter doucement le sourire dans votre poitrine. Laissez le sourire irradier et vous emplir.

Vous pouvez l'adapter, en faire une version plus courte pour vous focaliser sur la zone qui vous intéresse ou ne pas visualiser les couleurs. Cette pratique se prête à de multiples variations en incluant vos muscles, vos articulations, vos os, vos cellules... Vous pouvez aussi l'accompagner en posant vos mains sur la zone que vous voulez travailler.

Je vous ai dit précédemment que l'énergie est neutre. Cependant, c'est notre intention qui va permettre à l'énergie d'agir sur la matière de façon bénéfique ou pas.

X. est un magnétiseur célèbre qui a formé de nombreux élèves. Il insiste beaucoup sur la nécessité de se protéger et leur apprend des

techniques spécifiques dans ce but. Chaque fois que je rencontre un de
ces élèves, il me parle beaucoup d'énergies négatives qui lui sont
hostiles.

On me pose souvent la question de la protection. Je connais des personnes qui ne peuvent pas sortir sans leur collier en œil de tigre. Certains disent qu'il faut se protéger systématiquement, d'autres qu'on n'en a pas besoin si on est dans l'amour. Difficile de s'y retrouver... Alors, faut-il se protéger ? Voici une réponse très personnelle.

Idéalement, il n'y a pas lieu de se protéger si vous êtes correctement ancré et relié aux forces de l'Univers. Cependant, nous sommes humains, susceptibles d'être touchés à un moment ou à un autre par certaines énergies, parfois parce que nous sommes fragiles, parfois parce qu'elles entrent en résonance avec notre propre histoire. Personnellement, je n'arrive pas à être toujours dans l'amour... Mon conseil sera par conséquent de vous protéger si vous en ressentez le besoin, tout en percevant que cette situation révèle une zone d'ombre chez vous sur laquelle vous devrez à un moment ou à un autre travailler. Une protection devrait donc être temporaire, comme une béquille. La béquille vous permet de marcher quand vous êtes blessé mais vous n'avez pas envie de la conserver toute votre vie, alors que vous êtes guéri ! Je me permettrai cependant une remarque aux thérapeutes qui ressentent autant le besoin de se protéger des énergies des autres : pourquoi dans ce cas éprouvez-vous le besoin d'aller au contact de personnes en difficulté ?

Ce qui me dérange dans l'exemple de X., c'est qu'en insistant autant sur la nécessité de se protéger, il cultive la peur chez ses élèves. Or, une maxime courante en énergétique dit qu'on crée ce qu'on craint. En mettant ses élèves dans la peur d'être perturbés par les énergies des autres, de telles situations vont forcément apparaître ! Si vous approchez quelqu'un avec la peur que son énergie vous nuise, cette personne va forcément sentir votre distance et peut être effectivement y répondre avec agressivité. Avec comme effet de renforcer votre croyance qu'il faut se protéger...

Vouloir se protéger, ce n'est plus être présent.

Imaginons que j'aille au magasin de bricolage acheter un tournevis. Jusque-là, le tournevis est neutre, c'est un outil, rien de plus. Si je m'en sers pour réparer la bicyclette de mon fils et qu'il repart avec un grand sourire, cela vous paraît plutôt bénéfique. Mais, si je plonge ce même tournevis dans le ventre de mon voisin parce qu'il fait trop de bruit, ce simple outil s'est transformé en arme, du fait de mon intention de nuire à l'autre. Faut-il pour autant se méfier des tournevis ? Faut-il interdire les magasins de bricolage ? Le tournevis reste neutre dans son essence, comme l'énergie ; c'est bien l'usage que j'en fais qui va définir les conséquences dans le monde matériel. Il est donc important d'être vigilant quant à nos intentions. Il est possible qu'en voulant trop se protéger, nous passions à côté d'expériences qui pourrait faire grandir notre compréhension.

Ainsi, il est également important d'observer les mots que nous employons, en parole comme en pensée ainsi que l'intention qu'ils véhiculent. Car nous savons qu'un même mot peut renfermer une énergie très différente selon le contexte, le ton et l'état d'esprit dans lequel nous le prononçons. Il est évident que si vous êtes entouré de personnes qui râlent tout le temps ou qui déprécient ce que vous faites ou même qui vous êtes, il sera beaucoup plus dur de maintenir votre équilibre énergétique. La personne n'est pas intrinsèquement mauvaise, mais vous devez constater que la relation vous est toxique. A l'inverse, être entouré de personnes qui vous soutiennent et vous apprécient pour qui vous êtes est un sérieux atout pour votre bien-être et votre santé. Donc, pourquoi ne pas entourer les gens que nous aimons de paroles bienveillantes ? Vous verrez que votre énergie en sera transformée en même temps que la leur.

Le chemin de la présence, c'est faire du mieux possible avec ce qu'il nous est offert, ici et maintenant. C'est aussi poser une intention claire sur ce que nous souhaitons cultiver dans notre vie.

Le chemin de la confiance

Je me fie à mon ressenti avant toute interprétation

Je suis en première année de formation de shiatsu et je masse une autre élève. Je sens qu'elle a subi de la violence masculine. Je lui demande alors si son père la frappait. Elle me répond « Non, jamais » très sincèrement. Je me dis que je me suis trompée. La semaine d'après, elle vient me voir pour me remercier. En effet, elle avait depuis plusieurs mois une relation avec un amant qui était violent avec elle. Après le massage, elle a enfin senti le courage de mettre fin à cette histoire.

Mon ressenti de violence masculine était correct mais j'ai interprété cette information en y projetant ma propre histoire. Heureusement, cela lui a tout de même permis de débloquer sa situation mais j'aurais dû m'en tenir uniquement à ce que j'avais perçu. Nous projetons souvent nos propres expériences ou nos désirs sur l'histoire des autres. Comme promis, je reprends mon anecdote avec F. à l'atelier de médecine symbolique.

Je suis en atelier de médecine symbolique. Les baguettes tenues par la femme me désignent pour venir au centre du cercle. Je suis debout devant tout le monde et F. demande où est le problème. Là, les baguettes pointent vers lui. Etonné, il dit « Tiens, pourquoi elles me désignent, c'est la première fois qu'elles font ça ! ». Il repose la question et les baguettes indiquent mon bras droit. Ce même bras droit qu'il va me secouer brutalement deux minutes après en me parlant de mon couple « Le bras gauche c'est pour enlacer, le bras droit, c'est pour quoi ? ». Je le regarde dans les yeux et lui répond calmement « Pour frapper ». Il ne remarque pas que j'ai vraiment envie de faire ce que je lui dis. Il continue, pris dans son scénario « Pour contrôler ! Votre homme, il faut le contrôler ! ». Ce n'est pas ma vision du couple, je préfère enlacer des deux bras… Je sens que je suis prise entre les deux intervenants pour quelque chose qui ne me concerne pas. Je ne ressens aucune résonance avec tout ce que F. me propose. Il insiste, il impose. A nouveau, il interroge les baguettes tenues par sa femme, elles pointent encore vers lui. Il refuse de tenir compte de cette information et déroulera ensuite ce qu'il avait prévu, quelles que soient mes réactions.

Ce qui est intéressant ici est que lorsqu'on applique la règle de la confiance, on se rend compte que les baguettes ne se sont pas trompées ! Il y avait visiblement un problème dans ce couple avec F. qui contrôlait complètement sa femme, ce que mon bras droit a dû manifester. Je leur ai probablement servi de catalyseur puisqu'encore une fois confrontée à l'abus d'autorité masculine. Il faut préciser aussi que j'étais la première personne de la journée à passer dans le cercle. Le ressenti de la femme était bon, les interprétations de F., mises en place pour ne surtout pas entendre ce message, étaient fausses et pure manipulation.

Quand quelqu'un me dit quelque chose qui ne résonne pas en moi, je ne le crois pas dans le sens où je n'adhère pas à sa croyance mais je respecte ce qu'il ressent.

Car je sais par expérience qu'il y a toujours plusieurs grilles de lecture possibles. Psychologique, physique, physiologique, énergétique, karmique… L'être humain est complexe, composé de différentes couches qui interagissent, comme les auras ; votre interprétation dépendra de la couche sur laquelle vous vous situez et n'est donc pas incompatible avec des interprétations à d'autres niveaux.

Connaissez-vous la fable indienne des aveugles qui rencontrent un éléphant ? Chacun d'eux touche une partie de l'animal. Celui qui touche son flanc dit « *C'est un mur* ». Celui qui touche la défense dit « *C'est une lance* ». Celui qui touche la trompe dit « *C'est un serpent* ». Celui qui touche le genou dit « *C'est un arbre* ». Celui qui touche l'oreille dit « *C'est un éventail* ». Celui qui touche la queue dit « *C'est une corde* ». Chacun a raison car il ne touche qu'une partie de l'animal. Quand nous parlons d'énergie, nous sommes tous aveugles face à l'éléphant, nous n'appréhendons qu'une petite partie du tout. Pourtant, en ce qui concerne notre ressenti sur ce que nous touchons, nous avons, à cette échelle, raison. Nous avons seulement du mal à concevoir le tout. A chacun sa vérité.

Souvent nous ne nous faisons pas assez confiance alors que nous croyons ce que les autres nous disent.

Je suis en conférence. Je fais faire au public un exercice pour sentir son énergie dans ses mains. Une femme me demande « Je ressens des picotements, est-ce que c'est bon ? ». Je réponds « Oui, à partir du moment où vous sentez quelque chose, c'est bon ! ».

C'est amusant de voir que nous avons besoin de validation pour confirmer ce que nous ressentons. Alors que la plupart du temps, nous sommes très sûrs de nos pensées. J'ai rarement entendu « *Je pense ça, vous croyez que j'ai raison ?* ». Je vous demande justement d'inverser le processus : de vous interroger sur ce que vous pensez et ce que les autres vous disent et de vous fier, de vous baser sur votre ressenti.

Une des façons d'apprendre à faire confiance à notre ressenti est de pratiquer, de nous exercer afin d'affiner notre perception de l'énergie.

Car notre ressenti est juste, même si nous ne savons pas l'expliquer. Vous avez contacté la sagesse de votre corps dans le chemin de la cohérence ; le chemin de la confiance, c'est s'appuyer sur ce ressenti pour comprendre ce qui se passe. En gros, c'est de vous fier à vos tripes ! Des études récentes montrent d'ailleurs l'importance de notre ventre, aussi qualifié de deuxième cerveau, dans notre bien-être et notre santé.

Une expérience simple peut déjà vous permettre de contacter l'énergie dans vos mains. Car vos mains sont de véritables antennes avec un nombre impressionnant de capteurs reliés directement à votre cerveau.

Je sens mon énergie vitale

Frottez les mains l'une contre l'autre, puis observez. Placez vos mains paume contre paume devant votre poitrine. Écartez les paumes doucement et observez les sensations. Puis rapprochez-les et écartez-les régulièrement au gré des effets constatés. Sentez le bout de vos doigts et la totalité de la paume et jouez avec la distance. Faites ensuite des cercles en portant la conscience sur le bout des doigts. Puis tendez l'index d'une main vers la paume de l'autre main en repliant les autres doigts et faites de petits cercles, dans un sens puis dans l'autre. En faisant régulièrement cet exercice, vous vous rendrez compte que votre sensibilité se développe rapidement.

Vous pouvez ressentir dans vos mains des picotements, des fourmillements, de la chaleur, de la densité ou de la dilatation. A nouveau, quelle que soit votre sensation, elle est juste et elle vous appartient. Car comme nous sommes tous différents, nous avons tous une façon différente d'appréhender notre énergie. L'énergie de la paume est souvent plus douce, plus apaisante alors que l'énergie du doigt va paraître plus intense, plus pénétrante. C'est pour cela que nous posons naturellement notre paume pour apaiser une douleur ou consoler quelqu'un alors que nous nous servons du bout de nos doigts pour nous stimuler, nous secouer. Vous voyez, intuitivement vous faites de bons gestes en fonction de la situation ! Votre corps sait comment agir sur l'énergie.

Comme nous sommes tous différents, ce qui est efficace pour vous ne l'est pas forcément pour moi.

Je suis passager dans la voiture de mon compagnon. Je sens l'angoisse monter. Une semaine auparavant, une jeune conductrice a foncé dans ma voiture et m'a emboutie, sur la gauche, au niveau de la portière conducteur. Je ne l'ai pas vue arriver, je me rappelle juste le bruit et la voiture qui se déporte brutalement. Plus de peur que de mal, seule ma voiture toute neuve a subi des dégâts. Depuis, dès que je suis en voiture, je me sens en insécurité, j'ai l'impression qu'un danger va me fondre dessus à tout instant. Je décide alors d'utiliser l'EFT. Cette technique, que je sais efficace pour beaucoup, n'a jamais fonctionné pour moi. Mais à cet instant, je décide de la combiner avec une technique d'EMDR qui utilise les mouvements oculaires et qui a été validée avec des personnes victimes de stress post-traumatique. Je ressens rapidement un relâchement. L'angoisse est partie et ne reviendra plus.

Par la suite, j'ai à nouveau testé l'EFT seule, sans résultat. Preuve qu'il nous faut acquérir différents outils et apprendre à les combiner selon nos besoins.

Notre ressenti nous appartient et personne ne peut nous dire ce qui est bon pour nous, quels que soient les pouvoirs qu'il s'attribue.

Les interprétations, assujetties au mental, vont dépendre de notre culture, de notre histoire alors que notre vérité viendra de notre corps. Ne laissez personne vous faire douter de votre ressenti parce qu'il ne le comprend pas. Mon ex-mari est quelqu'un de très intellectuel, coupé de ses émotions. Lorsque je vivais avec lui, il ne comprenait pas ce que je ressentais, je devais souvent lui expliquer, voire me justifier. A tel point qu'un jour je lui ai dit que je ne pouvais pas expliquer les couleurs à un aveugle... Il cherchait souvent à me convaincre que j'avais tort de ressentir telle ou telle chose avec des raisonnements tellement élaborés que je finissais par douter de moi. Lorsqu'on s'est quittés, il m'a dit qu'il ne croyait pas à ce que je faisais mais qu'il était obligé d'admettre que ça marche. Un vrai dialogue de sourds ! Plus vous pratiquerez, plus vous expérimenterez et plus vous vous ferez confiance et vous sentirez lorsque votre mental fait barrage.

Je sens mon aura

Concentrez-vous sur l'énergie de vos mains, éventuellement faites l'exercice précédent. Placez vos mains ouvertes et détendues, paumes vers votre corps à environ 3 cm et déplacez-les lentement de bas en haut en sentant les variations de température, de densité ou de consistance. Vous pouvez repérer des zones plus chaudes ou plus froides, plus denses ou plus légères, des zones qui « accrochent » ou qui sont plus fluides, des zones qui palpitent et repoussent votre main ou d'autres qui vous semblent creuses. Refaites la même chose en éloignant un peu les mains de votre corps, à environ 5 cm. Jouez avec la distance et parcourez tout votre corps. Il est possible que lorsque vous survolez certaines zones, votre corps réagisse avec par exemple une toux ou un bâillement. Ce sont des messages, prenez le temps d'écouter ces informations. Si vous sentez un endroit qui nécessite plus d'attention, posez vos mains à plat sur votre corps et visualisez que vous envoyez de l'énergie, de la lumière ou un sourire. C'est une expérience que vous pouvez également faire sur quelqu'un d'autre.

De plus, vous n'avez pas à vous justifier de votre ressenti ou de votre croyance. Car si une croyance vous fait sentir mieux sans nuire à personne, continuez ! Tout en acceptant qu'il ne s'agit que d'une croyance et que d'autres peuvent en développer des différentes.

On est en 2008, cela fait trois semaines que j'ai emménagé dans la maison de mes rêves avec un compagnon rencontré quelques mois auparavant et nous sommes très heureux. Du jour au lendemain, tout bascule brutalement, il sombre dans l'alcool et je vis avec un étranger. Trois mois après, à ma demande, il quitte la maison mais nous restons ensemble encore environ un an ; je n'arrive pas à le quitter, jusqu'à l'épisode de burn-out que j'ai décrit précédemment. Pendant plusieurs mois, il me harcèlera, alternant les déclarations d'amour, les appels au secours et les insultes. Pendant tout ce temps, j'entends une voix qui me dit de garder confiance et qu'un jour je serai très heureuse.

Je me suis souvent demandé pourquoi j'avais vécu cette histoire ; il y a différentes réponses selon le niveau d'interprétation. La première, si l'on est aigri, est « *Encore une histoire d'amour qui finit mal, les hommes sont vraiment des salauds !* ». On peut aussi y voir une façon pour moi, certes douloureuse mais efficace, de sortir du triangle de Karpman dans lequel j'ai grandi, en allant jusqu'au bout du rôle de sauveur. Un autre angle est que j'avais une dépendance affective liée à l'enfance qui m'a entraînée dans une relation de co-dépendance. Ou bien, comme j'avais décidé de changer de vie, le quitter aurait été admettre que je me suis trompée. D'autres pourront dire que j'ai répondu à mon sens du devoir en m'occupant d'un homme que j'aimais profondément. Certains parleront d'âme sœur, de flamme jumelle ou de lien karmique ; j'ai en effet eu une vision d'une vie commune qui avait fini tragiquement… On peut aussi y voir le besoin de rejouer une relation de manipulation avec un pervers narcissique qui maintenait une emprise sur moi, comme mon père. Cela peut aussi s'expliquer comme le besoin de rejouer le couple de mes parents en subissant de violentes colères et des abus. On peut même pousser jusqu'au transgénérationnel car j'ai une arrière-grand-mère qui est morte alcoolique mais cela a toujours été caché ; la version officielle de sa maladie était la tuberculose. On peut aussi se dire qu'à cette époque, j'avais besoin d'explorer des situations extrêmes avant de trouver la voie du milieu ; cet homme était en effet l'opposé de mon ex-mari. On peut également envisager que mon énergie était encore empreinte de la violence que j'avais subie auparavant, ce qui a attiré à moi un homme avec une violence cachée. A cette époque, j'avais décidé de me lancer dans les soins énergétiques ; cette expérience m'a énormément appris, notamment sur l'alcool et les dépendances, et depuis, je peux accompagner plus efficacement, avec plus de compassion. D'un point de vue spirituel, cela a produit chez moi une ouverture du cœur et une plongée dans mon être intérieur ; les mystiques l'appellent la nuit obscure de l'âme, les alchimistes l'œuvre au noir. Enfin, j'ai appris par la suite qu'il prenait des médicaments depuis plusieurs années et que, se sentant bien, il avait arrêté brutalement son traitement, ce qui peut provoquer un bouleversement de la chimie du cerveau et des crises psychotiques. Paradoxalement, c'est parce qu'il était heureux que cela aurait tout déclenché… Des personnes de son entourage m'ont aussi dit qu'il était bipolaire. Laquelle de ces explications est la bonne ? Probablement toutes, et d'autres encore car je ne vois pas tout l'éléphant. La seule vraie question devrait-être « *Qu'est-ce que je choisis de croire ?* ». La petite voix, qui m'a soutenue et qui disait vrai car à présent je suis très heureuse !

Je suis en voiture, j'arrive machinalement à un carrefour où je passe tous les jours. J'entends brusquement dans ma tête « Ralentis ! », par réflexe je freine et à ce moment, de nulle part déboule une voiture qui passe en trombe et me grille la priorité...

Sans ce message, il y aurait eu accident. Est-ce mon instinct, mon intuition ou une aide extérieure qui m'a prévenue ? A chacun sa réponse, en tous cas je ne peux qu'apprécier ce type d'aide !

Quand on étudie les différentes traditions spirituelles, on se rend compte qu'elles décrivent toutes les mêmes expériences. Cependant, les explications diffèrent selon les cultures et les croyances.

J'accueille à présent ces informations sans pour autant en être dépendante, je ne les attends pas, je ne vais pas les chercher ; si besoin, les messages viennent et je tiens compte des informations sans les laisser décider à ma place.

Je suis au bord de la mer près de chez moi. Je me sens en totale connexion avec le monde. Mon mari voit que je suis dans un état d'extase particulier en regardant les reflets du soleil couchant sur l'eau et me demande « Tu es dans la mer ? ». Je lui réponds « Non, je suis la mer ! ». Toute la journée je cultiverai cet état de connexion totale avec les éléments, les arbres et les êtres vivants.

Je suis sûre que vous avez déjà vécu une expérience de cet ordre. Car nous sommes tous sur un chemin spirituel, avec plus ou moins de conscience. Certains étalent leur spiritualité au grand jour, d'autres préfèrent garder ces expériences dans la sphère intime. Car lorsqu'on parle avec chacun, nous avons tous vécu au moins une expérience particulière, d'ouverture, de connexion au monde, d'état de conscience particulier ou reçu un message. Cela ne fait pas forcément de nous des médiums. La source est-elle les guides, les anges, les esprits, notre inconscient, notre maître intérieur ? La réponse vous appartient en fonction de vos croyances.

J'étends mon aura

Installez-vous confortablement, fermez les yeux et concentrez-vous sur votre respiration. Posez vos mains sur votre *hara* et sentez son énergie vous remplir. Ecartez doucement vos mains de votre corps et sentez votre aura. Ressentez son espace, son volume, sa densité. A présent, concentrez-vous sur toute l'énergie vitale présente dans votre *hara* et élargissez votre aura. Sentez-la s'étendre, se déployer dans toute la pièce. Si besoin, décrivez de grands cercles autour de vous pour la manifester. Continuez à dilater votre énergie, laissez-la se répandre en-dehors de la pièce, dans l'immeuble, dans la rue, dans la ville, dans le pays, sur toute la terre... Etalez-vous, sentez votre conscience se connecter à tout ce qui vous entoure, tous les êtres vivants qui partagent avec vous cet espace. Restez quelques minutes dans cette connexion puis revenez doucement dans la pièce, dans votre corps, dans votre centre avant d'ouvrir les yeux.

Le chemin de la confiance consiste à s'interroger sur ce que nous pensons, et accueillir ce que nous ressentons.

Le chemin de la simplicité

Je reviens à l'essentiel

Je suis assise à ma table de dédicace dans un salon bio. Une jeune femme s'approche de moi. Je vois qu'elle porte une bouteille d'eau en bas de laquelle se trouve un autocollant représentant une fleur de vie. Elle me demande ce que je fais et je réponds que je m'intéresse à l'énergie. Elle me répond « Ah, alors vous allez pouvoir me dire si ceci est efficace ? ». Elle sort de son sac un grand carton sur lequel est représenté une sorte de pentacle de diverses couleurs. Je la regarde et lui demande ce que c'est. Elle me répond « C'est le monsieur du stand d'à-côté qui m'a vendu ça pour énergiser les aliments car il dit que ma fleur de vie n'est pas bonne puisqu'elle n'a pas de cercle extérieur ». Je ris et je lui montre mes mains ouvertes. Elle me regarde sans comprendre. Je lui dis « Vos mains, c'est ça le plus efficace ! ». Elle est dubitative. Je continue « Dans toutes les traditions, la nourriture est chargée par les mains, dans un bol avec une prière, un bénédicité... Et dans la hiérarchie des monastères zen, le cuisinier vient juste après le directeur. En plus, ainsi la nourriture est directement accordée à votre propre énergie ». Elle me dit alors « Je suis cuisinière... ». Magnifique ! Je lui confirme qu'elle a déjà tout dans ses mains et lui propose de faire chez elle un test en aveugle avec une eau normale, une eau chargée par son carton et une eau chargée par elle. Ainsi elle pourra décider de ce qui est le mieux pour elle.

Passons sur l'éthique du vendeur du stand voisin. Je suis toujours amusée de voir à quel point nous nous raccrochons à des gri-gris plutôt que de faire confiance à notre corps. Bien sûr vous pouvez utiliser vos mains pour envoyer de l'énergie à l'eau, la nourriture, les plantes, les animaux... Vous le faites naturellement quand vous caressez votre chat, quand vous cuisinez un bon petit plat à une personne que vous aimez, quand vous prenez soin de vos plantes. Croyez-vous vraiment qu'un bout de carton soit plus efficace que l'énergie issue de vos mains et votre cœur ? Vous n'avez rien à acheter, aimant, cristal, pentacle, machine à la mode ou fleur de vie avec ou sans cercle... Nous avons vu précédemment que votre intention va guider l'énergie dans la matière. Vous avez senti votre énergie dans vos mains, vous pouvez vous en servir aussi bien sur vous qu'à l'extérieur. J'ai remarqué que lorsque je lave mes vêtements à la main, ils n'ont pas la même énergie que ceux lavés en machine, j'ai beaucoup plus de plaisir à les porter, car ils sont déjà en accord, en résonance avec moi.

Je charge de l'eau

Prise quotidiennement, l'eau magnétisée est reconnue pour augmenter la vitalité, stimuler le métabolisme et harmoniser l'énergie du corps. Prenez un verre d'eau, tenez-le entre vos deux mains souples pendant 2 à 3 minutes en vous concentrant sur l'énergie qui sort de vos paumes. Buvez !

Vous pouvez aussi le faire avec votre tisane, vos aliments ou vos plantes. Une fois encore, testez, expérimentez, amusez-vous à exercer votre pouvoir à travers vos mains. C'est simple, gratuit, toujours disponible et vous serez surpris de l'efficacité. Une fois que vous aurez confiance dans votre technique, vous ne ressentirez plus le besoin de vous raccrocher à un support matériel. Car l'énergie est comme l'électricité, elle choisit toujours le chemin de moindre résistance, c'est-à-dire la voie la plus simple. Connaissez-vous le rasoir d'Occam ? Également appelé principe de simplicité ou principe d'économie, il exprime que les hypothèses suffisantes les plus simples doivent être préférées. Autrement dit « *Pourquoi faire compliqué quand on peut faire simple ?* ». Je vous propose d'appliquer ce principe dans votre vie courante.

Chaque fois que nous allons vers plus de simplicité, nous retrouvons aussi plus d'énergie.

Imaginez que je vous dise que j'ai développé une machine dernier cri, basée sur des recherches récentes, qui vous aide à guérir et à rester en bonne santé si vous l'utilisez 20 minutes par jour. Vous allez vous précipiter pour l'acheter, il va falloir ensuite l'installer, lui trouver une place. Cette machine va aussi consommer de l'électricité. Vous ne pourrez pas l'utiliser en dehors de chez vous, à moins que je ne vous vende en plus la version mobile, avec sa batterie, qu'il faudra penser à recharger. Dans tous les cas, la machine consommera de l'électricité et il faudra l'entretenir. En plus, pour qu'elle fonctionne mieux, vous devrez la mettre à jour régulièrement avec des programmes la personnalisant en fonction de votre constitution, de votre mode de vie, de vos besoins. **Bonne nouvelle : cette machine existe et c'est vous !** Rien à acheter, toujours disponible où que vous alliez, parfaitement personnalisé…

Les techniques les plus simples sont les plus efficaces et ne nécessitent rien d'autre que votre intention : le chant, l'écriture, le massage, la méditation, le yoga… Comment en sommes-nous arrivés à faire plus confiance à des éléments extérieurs qu'à nous-mêmes ? En tant que professeur d'électronique faisant des cours de maintenance et de sûreté de fonctionnement, je suis bien placée pour connaître les limites des machines et je vous garantis qu'elles fonctionnent beaucoup moins bien que votre corps !

Au lieu de penser en termes de « pas assez »,
pensons en termes de « trop ».

Nous nous voyons souvent comme « pas assez ». Pas assez intelligents, pas assez capables, pas assez cultivés, pas assez beaux, pas assez évolués, pas assez purs, pas assez sages… Une fois encore, les personnes qui nous font croire cela ont la plupart du temps un intérêt et une intention de manipulation. Car en fait, nous sommes plus « trop ». Trop occupés, trop stressés, trop encombrés, trop agités… Tout est déjà là, en nous, mais enseveli sous des couches de « je dois » et « il faut ». Je cite souvent la phrase d'un maître zen célèbre qui disait à ses élèves « *Vous êtes parfaits tels que vous êtes et vous pouvez vous améliorer* ». Et si nous améliorer consistait juste à nous désencombrer pour faire émerger le meilleur de nous-même ?

Je suis à un salon de bien-être à la pause déjeuner. Je traverse les couloirs encombrés de stands tous plus chargés les uns que les autres de promesses alléchantes et d'objets qui brillent avec des thérapeutes qui déroulent avec emphase les vertus de la dernière technique à la mode. Dehors, une jeune femme propose des crêpes. Pendant qu'elle prépare la mienne, je reste fascinée par la pureté de son geste maîtrisé, la concentration dont elle fait preuve et la beauté de ses mouvements. J'ai la même sensation que face à un maître de sabre faisant une démonstration de coupe avec des gestes épurés par des années de pratique. Au milieu de toutes ces personnes voulant vendre du bien-être, c'est elle qui m'éblouit. Je n'ai jamais mangé une crêpe aussi bonne et je lui en fait part ; elle me remercie modestement.

Lorsque nous sommes en contact direct avec la vie, nous n'avons plus besoin de nous remplir. Quand nous sommes amoureux par exemple, nous perdons souvent l'appétit car nous sommes nourris d'autre chose, de plus profond. Nous n'avons pas envie de faire du shopping de consolation sauf pour acheter un cadeau à notre bien-aimé. Le chemin de la simplicité, c'est revenir à cet état de connexion avec notre énergie vitale qui nous apporte la plénitude et nous permet de nous dépouiller aussi bien de nos possessions matérielles que de nos croyances ou nos habitudes. Chaque fois que nous enlevons de nos vies quelque chose qui nous encombre, nous retrouvons le chemin de notre énergie. La sensation de liberté est telle que cela peut devenir addictif ! Je vous propose de l'expérimenter à travers l'expérience suivante qui est un défi que je vous lance.

Chaque jour, j'enlève une chose

Le principe est simple, thème du chapitre oblige ! Chaque jour vous éliminez quelque chose qui ne vous sert plus.

Le plus facile est de commencer par se débarrasser des objets. Car force est de constater que notre société de consommation nous a écarté de notre corps et de notre énergie. Nous en stockons des choses inutiles ! De nos vieux rollers parce que cela fait 10 ans qu'on se dit qu'on va si remettre, au cadeau de la grand-tante qu'on a eu peur de vexer... Nous avons tellement pris l'habitude qu'ils soient là que nous ne les voyons même plus. L'expérience va donc vous permettre de faire le tour de votre habitation pour tester différents objets afin de savoir s'ils vous sont encore utiles ou bénéfiques. Pour cela, je vous propose une technique simple. Choisissez un objet. Avant de le prendre, observez votre énergie avec la technique du curseur intérieur. Puis prenez l'objet dans vos mains et observez à nouveau. Quel effet cet objet a sur votre énergie ? Si c'est ok, c'est à dire que cet objet est beau, qu'il vous est utile, ou qu'il vous rappelle un souvenir que vous souhaitez cultiver, reposez-le et testez-en un autre. Mais si vous voyez votre curseur plonger, il faut agir. Vous pouvez soit le donner soit le mettre au recyclage. Parfois nous avons besoin d'un peu de temps pour nous détacher. A ce moment-là, prévoyez un endroit de stockage qui vous servira de sas et laissez-le quelques semaines. Si vous changez d'avis, vous pouvez toujours le récupérer. Sinon, si quelqu'un voit l'objet et vous dit « *Oh, que c'est beau !* », donnez-lui, c'est le signal. Il est probable qu'au bout de quelque temps dans le sas, l'objet trouve de lui-même la porte vers la sortie... Si cela vous rassure, vous pouvez également prendre l'objet en photo pour en garder une trace avant de le donner. Certains objets que j'aimais beaucoup m'ont ainsi accompagnée longtemps, puis un jour, je n'ai plus ressenti le besoin de les avoir avec moi ; leur énergie n'était plus en accord avec la personne que j'étais devenue. Je les ai donnés et à présent, il me suffit d'y penser pour retrouver la joie que j'avais à les posséder ; en plus ils font le bonheur de quelqu'un d'autre.

Les objets portent une énergie et cette énergie aussi doit circuler.

Lorsque nous entrons dans une maison pleine de meubles et de bibelots, nous avons une sensation d'étouffement. La personne qui vit là ne s'en rend plus compte, mais son énergie étouffe aussi. De même, lorsque nous conservons un objet venant d'une personne que nous n'aimons pas ou nous rappelant une période difficile de notre vie, chaque fois que nous regardons cet objet, notre énergie en est affectée. Pourquoi continuer à se faire du mal ? Et si cet objet a de la valeur, revendez-le et utilisez cet argent pour vous faire du bien !

Peu à peu, vous ferez de votre environnement un univers comportant uniquement ce qui vous convient, ce qui résonne avec qui vous êtes. C'est un élément majeur pour cultiver votre énergie. Par la suite, vous pourrez appliquer ce principe simple aussi à vos croyances, à vos habitudes car souvent nous nous accrochons à ce qui est connu, à ce que nous avons mis en place à une période de notre vie alors que cela n'a plus du tout d'utilité !

Le chemin de la simplicité consiste à revenir à ce qui est essentiel pour nous, sans artifices.

Le chemin de l'intégration

Je suis en équilibre dans le mouvement

Y. est un ami qui m'apprend que sa femme est partie ; il est effondré. Je lui conseille de revenir à l'essentiel, d'accompagner le mouvement en se focalisant sur son quotidien plutôt que de se crisper sur ce qu'il a perdu. Lorsque je le revois, Y. me dit qu'en effet, il est moins dans la douleur et se trouve surpris même d'avoir des moments de joie et de paix. Je l'encourage en lui vantant les vertus du divorce. En effet, je sentais bien que l'énergie ne circulait plus dans son couple et il voyait toujours sa femme comme la personne qu'elle était au moment de leur rencontre et non plus comme celle qu'elle était devenue. La séparation me semblait nécessaire pour eux deux, afin de retrouver leur énergie propre en sortant d'un schéma installé de nombreuses années auparavant, qui s'était sclérosé et les empêchait d'évoluer. Je lui dis que c'est probablement un nouveau départ pour chacun d'eux et de faire confiance à la vie. La fois suivante, il m'annonce qu'il a rencontré quelqu'un, qu'il est très amoureux et qu'il vit quelque chose qu'il n'aurait pas imaginé...

Nous avons une énorme faculté d'adaptation, on s'habitue à tout, même à des situations de ce genre. Parfois, quelque chose qui nous semble catastrophique sur le coup, devient normal peu de temps après.

**Le chemin de l'intégration est en premier lieu la
voie de la souplesse, de l'ouverture et de
l'acceptation.**

Car la vie est mouvement. Vous ne pourriez pas être en vie s'il n'y avait pas à chaque instant une infinité de mouvements en vous. Savez-vous que votre corps est à 99% différent de celui que vous étiez il y a 7 ans ? Vos cellules se renouvellent, vos gênes mutent, vos électrons circulent. Einstein, encore lui, disait « *La vie c'est comme la bicyclette, pour rester en équilibre, il faut avancer* ».

A chaque fois que nous nous figeons, que nous nous crispons sur ce qui nous rassure, nous empêchons la vie de suivre son mouvement et l'énergie de circuler. C'est comme installer un barrage qui retient l'eau et assèche les terres en aval. A un moment, soit le barrage craque parce que la pression est trop forte, soit les terres manquent tellement d'eau qu'elles en deviennent stériles. Chaque fois que vous vous accrochez à l'ancien, vous préparez la future crise dans votre vie. Alors que si vous laissez passer l'eau régulièrement, en la canalisant, vous pourrez irriguer vos terres et évoluer en douceur. Quand on accompagne le mouvement de la vie, il peut se passer des choses merveilleuses, inattendues certes, mais bien meilleures que ce que nous aurions pu imaginer. Parce que notre imagination est, elle aussi, conditionnée par ce que nous croyons et reste souvent dans la case confort. Le chemin de l'intégration s'appuie sur la confiance que vous avez dans la vie pour vous apporter le meilleur, ce que les anglo-saxons appellent la sérendipité. Les bouddhistes quant à eux parlent d'impermanence.

Beaucoup de nos difficultés viennent de notre volonté de contrôle, par peur de l'inconnu.

On entend beaucoup parler de lâcher prise et de nombreuses personnes me demandent comment faire ; cela reste un concept un peu abstrait. Et pourtant… Vous pouvez cultiver le lâcher-prise d'une façon très simple : par le relâchement musculaire !

Je me relâche

Chaque jour, prenez conscience de vos tensions corporelles et relâchez-les. Laissez tomber votre mâchoire. Observez vos épaules, laissez-les descendre naturellement. Détendez les coudes, les poignets et les doigts, avec une mention particulière pour les auriculaires. Agitez doucement vos orteils pour enlever les crispations générées par les chaussures. Bougez le bassin d'avant en arrière, puis en latéral. Faites doucement des cercles avec le bassin, dans un sens et dans l'autre. Vous pouvez faire cet exercice partout, au bureau, en voiture (surtout pour les épaules), à la queue du supermarché…

Car les effets de notre volonté de contrôle sur notre corps sont multiples. J'ai déjà parlé de respiration abdominale. Pour bien s'effectuer, le diaphragme doit être souple. Lorsqu'il est contracté, vous avez une sensation de stress, d'angoisse. Pour le débloquer, vous pouvez chanter, crier ou le masser en passant sous vos côtes flottantes. L'effet de relâchement et la sensation d'apaisement sont immédiats.

Les personnes qui sont dans le contrôle ont souvent également le bassin verrouillé et le muscle psoas-iliaque tendu. Des étirements réguliers sont dans ce cas très profitables. Vous pouvez aussi tout simplement appuyer sur le point 11GI (soit le 11e point du méridien Gros Intestin), que vous trouverez facilement en pliant le coude ; il est alors à l'extrémité du pli, côté extérieur. Appuyez fortement pendant 1 à 2 minutes et observez les sensations dans votre abdomen. Lorsque votre bassin est verrouillé, l'énergie a tendance à rester vers le haut du corps et à surcharger le mental. Alors mobilisez votre bassin, en dansant la salsa ou la danse du ventre, en faisant du yoga ou en faisant l'amour !

Une fois que le corps est détendu, il est plus facile d'avoir l'esprit ouvert. Mais l'inverse est aussi vrai : lorsque l'esprit est souple, le corps l'est aussi.

Avec l'expérience suivante, vous allez activer la plasticité de votre cerveau.

Chaque jour, je fais une chose nouvelle

Chaque jour, faites une chose que vous n'avez jamais faite, parce que vous n'avez pas osé, ou tout simplement vous n'y avez pas pensé. C'est un autre défi que je vous lance. Cela peut être aussi simple que d'emprunter une nouvelle route pour aller au travail, bouger un meuble, entrer dans un bar que vous ne connaissez pas, goûter un nouvel aliment mais aussi apprendre un nouveau mot ou un nouveau concept, sourire à un inconnu, discuter avec quelqu'un que vous n'aimez pas... Ne vous bridez pas, vous pouvez aussi faire un voyage dont vous avez toujours rêvé ou un saut en parachute ! Essayez, simplement, sans attente, et rapidement vous prendrez de nouvelles habitudes, qui conviennent mieux à qui vous êtes à présent et vous serez surpris de vous découvrir aussi souple et ouvert.

Avec un corps souple et un esprit ouvert, vous pouvez aborder la suite du chemin de l'intégration qui consiste à accueillir tout ce que nous sommes. Je dis bien TOUT.

Cela fait plusieurs mois que je travaille sur ma lignée. Je sens que mes kilos en trop concernent une mémoire qui ne me concerne pas. En observant le corps des autres femmes, je constate que chacune stocke sa graisse à des endroits différents. J'en déduis que le corps décide de se protéger mais aussi de donner une information à travers ce choix. En ce qui me concerne, ce sont les cuisses. Je décide alors de contacter les cellules graisseuses de mes cuisses pour comprendre la raison de leur présence. C'est la première fois que je contacte ma graisse, d'habitude j'ai plutôt envie de l'éviter... Le message que mon corps me donne est « Tu ne dois pas avoir la cuisse légère ». Cela explique la localisation de mon surpoids mais pas l'origine de cette croyance. Je sens que l'explication est transgénérationnelle sans toutefois pouvoir aller plus loin. Mon père a eu de nombreuses maîtresses mais à ma connaissance les femmes de la famille ont gardé fidèlement le nid. J'en suis là de mes réflexions lorsque ma mère m'appelle pour me dire qu'elle souhaite venir me voir. Je perçois la synchronicité. Lorsqu'elle est chez moi, je la fais parler et essaye de trouver une piste. A un moment, elle m'apprend que lorsque j'avais 3 ans, elle est partie vivre chez un amant. Mon père est venu la chercher mais comme elle refusait de rentrer, il m'a prise en otage pour qu'elle revienne. Mais elle ajoute immédiatement « Tu ne t'es rendu compte de rien, tu étais trop petite ». Je sens mes cuisses vibrer et mon corps hurler « C'est ça ! ». 10 jours après, mes cuisses avaient fondu et j'ai perdu 6 kilos.

Je ne suis pas en train de vous vendre un régime miracle... Mais dans toutes mes lectures, je n'ai jamais rencontré la notion de graisse transgénérationnelle et pourtant je crois que de nombreuses femmes sont concernées. Il suffit de regarder les jeunes générations pour percevoir ce que ces jeunes filles portent de souffrances transmises. La graisse est taboue, surtout chez les femmes, et pourtant je pense qu'elle mémorise beaucoup de nos émotions et de nos blocages énergétiques.

L'intégration consiste à travailler sur toutes nos parties, tous nos aspects, même ceux que nous préférons oublier, surtout ceux-là, en fait.

Pour vous guider, je vous propose une expérience graphique.

Je trace 10 cercles

Installez-vous tranquillement sur une table avec plusieurs feuilles de papier et un crayon. Disposer deux feuilles devant vous, l'une pour tracer la figure, l'autre pour prendre des notes. Vous allez tracer une série de cercles concentriques, du plus grand au plus petit, comme représenté sur la Figure 3. Respirez tranquillement, fermez les yeux et concentrez-vous sur votre énergie à l'extérieur de votre corps, ce que vous dégagez, vos auras, ce que vous projetez vers les autres. Ouvrez les yeux et tracez un cercle assez grand dans votre feuille. Faites-le si possible d'un seul mouvement, sans réfléchir. Peu importe que votre cercle soit régulier ou pas, laissez votre main exprimer ce niveau de votre énergie. Lorsque vous avez fini de tracer le cercle, posez votre crayon et décrivez ce cercle du bout du doigt. Soyez à l'écoute des réactions de votre corps et de ses messages. Notez les informations dès qu'elles vous viennent et continuez à passer le doigt sur votre cercle tant que les messages arrivent. Lorsque tout est dit, reprenez votre crayon et faites la même chose pour les cercles suivants. Pour le 2e cercle, concentrez-vous sur votre peau, vos poils, vos cheveux, vos ongles, toute la surface extérieure de votre corps. Le 3e cercle concerne votre hypoderme et vos cellules graisseuses ; contactez l'ensemble de votre corps à ce niveau-là. Pour le 4e, vous allez vous concentrer sur vos fascias, ces enveloppes qui entourent vos muscles et vos organes et qui sont réputés véhiculer l'énergie. Le 5e porte sur les muscles, les tendons et les organes. Pour le 6e, ressentez l'ensemble de votre système nerveux, de même que tous les liquides qui circulent dans votre corps, le sang, la lymphe et le liquide céphalo-rachidien. Le 7e niveau concerne votre squelette, sentez vos os. Puis le 8e cercle représente vos cellules, sentez-les toutes collaborer au bon fonctionnement de votre corps. Au 9e niveau, visualisez vos atomes et leur mouvement dans votre corps. Arrivé à ce niveau-là, concentrez-vous sur l'espace entre les atomes, qui représente 99% de votre volume, sentez tout le vide en vous. Tracez ce dernier cercle et noircissez-le en vous imprégnant de ce vide, de tout l'espace qui existe en vous. Lorsque vous avez noté ces derniers messages, posez votre crayon et refaites le chemin inverse en repassant votre doigt sur chaque cercle et en réalisant que chaque couche fait partie de vous.

Pratiqué régulièrement, cet exercice vous permet d'avoir des messages surprenants. L'intégration de l'ensemble de vos niveaux vous permet de déterminer vos zones d'ombre qui sont aussi des zones de blocage de votre énergie et donc également des opportunités d'évolution. Cela vous aide à vous accepter dans votre totalité, avec vos limites, vos croyances et vos contradictions. Accepter aussi vos émotions pour les transformer.

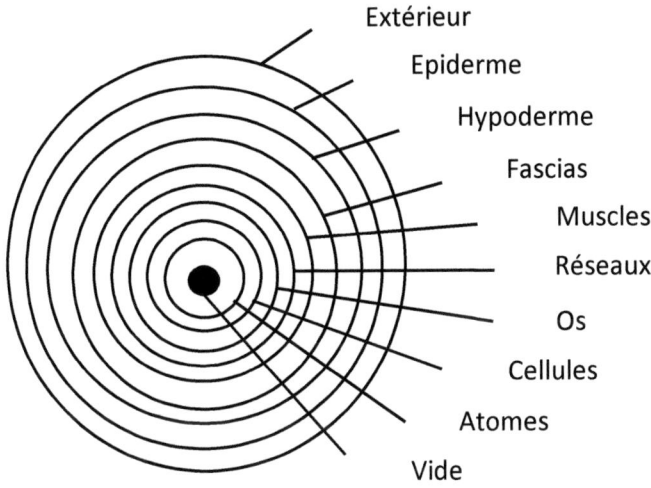

Extérieur

Epiderme

Hypoderme

Fascias

Muscles

Réseaux

Os

Cellules

Atomes

Vide

Figure 3 : Les 10 cercles et leur signification

Lorsque le mot énergicienne est apparu dans ma vie, cela m'a non seulement permis d'unifier différentes pratiques mais cela m'a également donné une direction, un sens nouveau à mon parcours.

Le chemin de l'intégration, c'est donner du sens à notre histoire, renoncer à nos vieilles croyances et aux souffrances auxquelles nous nous identifions pour transformer notre histoire en légende.

Le chemin de l'émerveillement

Je cultive mon regard d'enfant

« Maman, il y a quelque chose que je ne comprends pas ». Mon fils aîné Arthur, 10 ans, me regarde de ses grands yeux curieux. « Quoi donc mon cœur ? ». « Eh bien, d'un côté, tu as un côté très rigoureux, très scientifique, et de l'autre tu crois à la magie ». Je souris et lui réponds « C'est justement parce que je suis scientifique que j'y crois ». Il ne comprend pas alors je continue. « Les scientifiques développent des théories mais la base des sciences, c'est l'observation et l'expérimentation. Ils font évoluer leurs théories en fonction de ces expériences. Et parfois, ils observent des phénomènes qu'aucune théorie n'explique encore. J'ai mené plusieurs expériences personnelles qui m'ont convaincue de l'efficacité de ce que tu appelles magie ». Je lui explique ce que j'ai vécu depuis plusieurs années et il repart, rassuré.

Dans les arts martiaux et le zen, on enseigne qu'il est important de conserver l'esprit du débutant ou *shoshin*. Une attitude faite d'enthousiasme, de curiosité et de modestie, comme l'illustre l'histoire suivante.

Un célèbre maître zen reçoit un jour la visite d'un homme qui déclare vouloir étudier avec lui. Le maître l'invite à boire le thé pendant que le visiteur lui expose son passé, lui décrit son cheminement spirituel, ses découvertes, ses réflexions et nomme les maîtres qu'il a côtoyés. Le maître écoute patiemment et recommence à lui verser du thé dans sa tasse déjà pleine. Celle-ci se remplit à ras bord et finit par déborder, le thé coulant tout autour. L'élève s'écrit alors "Que faites-vous ? Ma tasse est déjà pleine !". Et le maître lui répond "Comment voulez-vous qu'un enseignement pénètre votre esprit alors qu'il est déjà plein comme cette tasse ?"

Lisez tous les livres que vous voulez, vous ne pourrez pas appréhender l'énergie autrement qu'en la ressentant dans votre corps.

Pour développer son ressenti, il faut pratiquer, car plus nous pratiquons, plus nos sensations s'affinent et plus nous sommes efficace.

Pratiquons donc, mais comme des enfants, avec joie et curiosité. Apprenons à regarder notre quotidien pour y découvrir la magie. Prenons plaisir à découvrir tout notre potentiel et remercions la vie qui circule en nous. Car chaque moment, chaque geste peut avoir une portée extraordinaire.

Lorsque j'avais 8 ans et que j'étais défigurée comme je l'ai raconté précédemment, je jouais seule dans la cour de l'immeuble de mes grands-parents. J'avais l'habitude que tout le monde détourne son regard de moi, comme si j'étais un monstre, mais ce jour-là un monsieur qui portait un cageot de fraises m'a regardée et m'a demandé ce qui m'était arrivé. Comme je lui racontais, j'ai vu une grande compassion dans son regard. Il a pris une grosse fraise et me l'a donnée. Je me souviendrai toute ma vie du goût merveilleux de cette fraise.

Libérons-nous aussi de la peur de l'échec qui censure les adultes. Vous avez le droit d'essayer et de rater. Nous avons vu que nous ne savons pas forcément ce qui est bon ou mauvais. La vie n'est pas une course, il n'y a pas de chemin tracé, c'est à nous de décider de la route en fonction de qui nous sommes et ce que nous avons envie de développer. De toute façon, vous ne saurez jamais ce qui se serait passé si vous aviez agi différemment !

Le meilleur choix est celui que vous faites en conscience.

Dans le chemin de l'émerveillement, la notion d'erreur est remplacée par celle de l'expérience. Peut-être que cette expérience vous a permis d'explorer vos ressources pour pouvoir réaliser quelque chose d'important, que vous n'auriez pas pu faire sinon, ou peut-être ce choix vous a permis d'éviter d'en faire un autre plus grave...

Depuis que j'ai quitté mon compagnon alcoolique qui était pianiste, je me suis juré de ne plus avoir affaire à des musiciens ou à l'alcool. Je retourne à l'endroit même où je l'avais rencontré, 6 ans plus tard quasiment jour pour jour. Là, je rencontre un homme magnifique ; c'est un coup de foudre réciproque. Nous nous mettons à parler et il me dit tout de sa vie. Qu'il est en train de divorcer, qu'il est batteur de rock et qu'il se demande s'il n'a pas un problème avec l'alcool... Vous imaginez ma panique ! Les idées se bousculent et je lui dis que j'ai besoin de faire une pause. Je pars aux toilettes des filles et alors que je referme la porte, je vois un immense graffiti disant « La vie est belle... maintenant ». Je reviens vers lui en lui disant alors que je veux bien essayer. La soirée continuera avec de nombreuses autres synchronicités.

La vie a-t-elle voulu me faire une blague ? Grâce à ce message, je me suis rappelée que depuis que je suis petite, je choisis de ne pas laisser ma peur décider à ma place. Durant les premiers mois de notre relation, je me suis posée beaucoup de questions qui n'étaient que des résonances de ma vie passée car ce que nous vivions était tellement beau que je croyais que, là encore, cela ne durerait pas... Pourtant, il n'y avait pas de piège, non seulement cela a duré mais notre relation est devenue de plus en plus belle. Ce soir-là, avec un petit coup de pouce, j'ai choisi de faire confiance à la vie et je ne l'ai jamais regretté.

Ouvrons les yeux car les messages de la vie sont partout. La magie peut même se trouver sur une porte de toilettes publiques ! Remettons du sacré et partons à la recherche de l'extraordinaire dans l'ordinaire. Pendant un stage de méditation, un élève demandait à l'enseignant s'il avait rencontré des êtres éveillés, sous-entendu des personnalités notables. Je lui ai dit que si ça se trouve, lui-même en avait peut-être déjà croisé sans même leur prêter attention. Je ne crois pas que de telles personnes se mettent forcément en avant, elles attendent plutôt que notre regard s'adoucisse, s'épure jusqu'à les reconnaître. A force de chercher des êtres exceptionnels, cette personne perdait de vue que nous étions tous là, avec elle, chacun unique et admirable dans sa vérité.

Quand je masse, je trouve tous les corps magnifiques : petit, grand, mince, gros, jeune, vieux, sain ou malade. A chaque fois, je suis émue au contact de la magie de ce corps, je me sens privilégiée de pouvoir sentir la vie y circuler et je l'honore comme une manifestation unique et sacrée de l'énergie vitale. Quel cadeau incroyable !

Souriez, vous êtes en vie !

Nous pouvons transformer notre vie, notre quotidien en espace sacré, en *dojo*, en lieu de pratique. Ce faisant, c'est tout notre rapport au monde qui se transforme.

Z. est un ami qui nous a proposé de venir visiter une carrière de kaolins afin de prendre quelques pierres. Nous arrivons équipés d'un simple sac à dos, pensant recueillir des échantillons à l'air libre. Z., lui, a apporté une brouette, des seaux et un marteau électrique. Après avoir rempli notre sac, nous sommes prêts à repartir mais Z. ne l'entend pas ainsi. Son visage est transformé par une sorte d'avidité insatiable, semblable, je suppose, à la fièvre de l'or. Il n'arrive pas à s'arrêter, il s'acharne avec son marteau, massacre les cailloux, les entasse à tel point que la brouette peine à avancer et qu'il manque se blesser. Je réalise alors tout le mal que nous sommes capables de faire à notre planète par pure avidité.

Lorsque nous prenons conscience que notre corps est sacré et que nous sommes tous reliés, certains comportements nous quittent naturellement. Depuis cet épisode, je n'achète plus de cristaux car j'ai senti que nous n'avions pas à combler notre vide existentiel en pillant la terre de ces trésors, uniquement parce que nous ne sommes pas capables de nous remplir de l'intérieur.

Je suis à Lavalette, la capitale de l'île de Malte. Mon hôtel donne sur le port, on est en décembre et il fait beau. La lumière du soleil éclaire les vieux bâtiments et la salle du petit déjeuner comporte une grande baie vitrée d'où la vue est splendide. A une table voisine se trouve un groupe de touristes français. Une des femmes se met en colère parce qu'il n'y a que des cuillères à soupe et qu'elle dit ne pas pouvoir manger son yaourt sans petite cuillère.

La beauté est là, autour de nous, offerte.

Savoir la voir est important. L'apprécier suffisamment pour ne pas la détruire en voulant se l'approprier est une urgence collective.

Cultiver l'énergie de la gratitude est une des façons les plus simples d'ouvrir les yeux sur tout ce qui nous entoure. Car nous prenons beaucoup pour acquis. Avoir un logement, de l'électricité, de l'eau chaude, de la nourriture, des loisirs. Nous faisons partie des rares privilégiés sur cette planète à pouvoir bénéficier de tout cela et pourtant il suffit que notre lave-linge tombe en panne pour que nous ayons l'impression que le ciel nous tombe sur la tête ! Tout ce luxe qui est notre quotidien est pourtant récent, demandez à vos grands-parents.

Je remercie

Chaque fois que vous voyez quelque chose de beau, que vous apprenez ou comprenez quelque chose, ou simplement que quelque chose fonctionne comme prévu, remerciez. Remerciez le soleil qui vous réchauffe, la pluie qui vous rafraichit et arrose votre jardin. Remerciez votre voiture pour avoir démarré et roulé sans problème. Remerciez cet arbre près de votre travail et devant lequel vous passez tous les jours. Remerciez vos amis pour leur écoute. Remerciez votre corps lorsqu'il est en bonne santé.

Comme le dit Woody Allen, « *La vie est une maladie mortelle sexuellement transmissible* » et la seule certitude que nous ayons est que personne ne va en sortir vivant... Donc relativisons, faisons les choses sérieusement, en conscience, mais sachons aussi nous détacher, nous amuser, cultiver le plaisir et l'humour au quotidien.

Le chemin de l'émerveillement consiste à ouvrir les yeux et honorer le caractère sacré de la vie avec légèreté.

On récapitule

Je vous ai présenté les 8 chemins dans un ordre qui correspond à une certaine progression, celle de la roue que vous allez mettre en action. Chaque chemin est un rayon de cette roue, qui contribue à la progression vers votre centre et participe à ce mouvement créant votre équilibre en permettant à votre énergie de circuler.

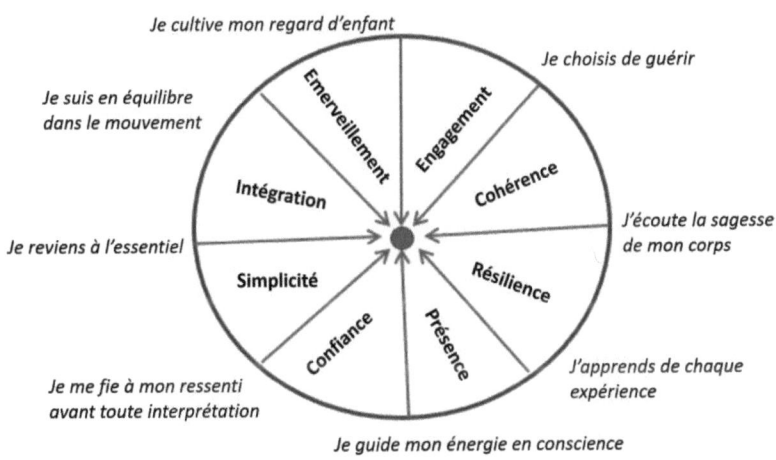

Figure 4 : Roue de la transformation

Pour maintenir ce mouvement, vous devrez donc recommencer ce cycle régulièrement. Car il ne s'agit pas d'une check-list ni d'un jeu de l'oie où il suffit de passer par la case pour croire que nous avons avancé ! Pour devrez sûrement revenir, encore et encore, sur chacun de ces chemins. La vie vous apportera les occasions pour travailler chaque fois plus en profondeur ; saisissez ces opportunités d'affiner votre perception et votre compréhension. Cependant, sentez-vous libre de naviguer comme cela vous convient, de sauter une étape pour revenir ensuite sur vos pas en fonction de vos envies, de piocher au hasard dans les différentes expériences, de les adapter, de les transformer, de les combiner ou d'en inventer d'autres. Laissez-vous prendre au jeu car ce chemin est le vôtre.

Je vous propose une structure, à vous d'y mettre les couleurs selon votre choix. Vous pouvez d'ailleurs recopier cette figure et la colorier ou l'illustrer par des exercices, des symboles ou des mots qui vous portent. Si vous en ressentez le besoin, changez les phrases pour celles qui vous inspireront plus. Construisez votre propre roue médecine et faites-la vivre en cultivant votre créativité. Jusqu'à ce que la roue elle-même se transforme et que vous inventiez vos propres chemins et votre propre structure. Laissez s'exprimer et jouer votre enfant intérieur !

Liste des expériences proposées :

- **Je souris** : chaque fois que je croise mon image ou quand j'y pense
- **Je contacte mon centre** : je place mes doigts sous mon nombril et je respire
- **J'établis ma routine** : je fais la liste de ce qui me fait du bien et je la tiens à jour en fonction de ma pratique
- **Je choisis le thème de mon année** : je me donne un axe de travail et je m'informe sur ce sujet

- **Je développe mon curseur intérieur** : j'observe mon énergie évoluer en fonction de mes activités et de mes pensées
- **Je pratique la respiration abdominale** : je relâche mon ventre sur l'inspiration et je le laisse revenir en expirant
- **Je contacte mes rythmes** : je prends conscience de ma respiration, mon rythme cardiaque et mon rythme cérébral
- **Je masse le point de la colère** : je contacte le point le plus haut du trapèze et j'observe mon état de tension
- **J'écoute ma colère** : je l'accueille, lui donne une forme et dialogue avec elle
- **Je ralentis** : je réalise une action quotidienne le plus lentement possible
- **Je pratique le sourire intérieur** : je visualise un sourire que j'envoie dans différentes parties de mon corps
- **Je sens mon énergie vitale** : je place mes mains paumes contre paume et je densifie l'énergie entre elles
- **Je sens mon aura** : je passe mes mains à quelques centimètres de mon corps et j'observe mes réactions
- **J'étends mon aura** : je visualise mon énergie emplir la pièce ou plus
- **Je charge de l'eau** : je place mes mains autour d'un verre d'eau avant de la boire lentement
- **Chaque jour, j'enlève une chose** : j'élimine les objets qui m'encombrent puis les pensées et tout ce qui me pèse
- **Je me relâche** : je pense à détendre mes muscles dans mon quotidien
- **Chaque jour, je fais une chose nouvelle** : je fais une chose différente ou je la fais différemment
- **Je trace 10 cercles** : je dessine les différentes couches de mon être et j'écoute les messages
- **Je remercie** : pour tout ce que j'ai ou ce que je n'ai pas

Les cercles de vie

Ensemble sur les sentiers de la guérison

J'ai une dernière proposition à vous faire. C'est une expérience que je mène depuis plusieurs mois et qui s'est révélée tellement efficace que je souhaite que nous soyons plus nombreux à la vivre.

Qu'est-ce qu'un cercle de vie ? C'est un groupe de personnes qui se réunit périodiquement pour explorer ensemble un thème donné et co-construire leurs chemins de guérison en partageant leurs expériences et en proposant de pratiquer différentes techniques permettant d'œuvrer concrètement à leur transformation.

Chacun est égal aux autres, il n'y a aucune hiérarchie quel que soit le parcours, l'âge ou l'expérience, c'est le groupe qui est le thérapeute.

Chacun est acteur de sa propre guérison et accompagne les autres sur leur chemin, propose d'une fois sur l'autre des partages, des lectures, des techniques ou des exercices selon sa progression. Le cheminement se fait en commun autour du thème défini par des approches concrètes et des réalisations.

Les personnes ne viennent pas rencontrer un thérapeute mais viennent se rencontrer comme thérapeute et découvrir toutes les ressources qu'ils ont en eux pour guérir et prendre conscience qu'en fait, ils ont déjà mis en place naturellement et intuitivement des pratiques simples pour se guérir. Le but est de partager ce qui marche pour chacun et de confronter ses expériences pour développer plus de moyens, découvrir d'autres grilles de lecture et renforcer la motivation. Ainsi chacun peut se découvrir thérapeute pour soi ou pour les autres et retrouver le chemin de son guérisseur intérieur.

Le nombre de personnes, les modalités, le lieu, le thème, la fréquence et la durée sont initialement définis dans l'appel au groupe rédigé à l'initiative d'une ou de plusieurs personnes. La participation est gratuite et basée sur le volontariat mais demande un engagement des participants à assister autant que possible à toutes les séances jusqu'à la fin de vie du cercle. Chaque séance comporte un animateur. Chacun est animateur à son tour d'une séance sur l'autre et propose des exercices, réflexions et partages ; il veillera aussi à ce que la prise de parole soit équitablement répartie. Le groupe peut décider ensemble d'un autre rythme, de finir le cercle lorsqu'il le souhaite ou de le prolonger.

J'ai initié plusieurs cercles avec des modalités diverses et des résultats tout aussi variés. Je peux d'ores et déjà vous indiquer quelques clés permettant de mieux fonctionner. En premier lieu en ce qui concerne le nombre de participants ; la bonne dynamique semble entre 5 et 8, ne serait-ce que pour des soucis de logistique.

La principale difficulté à mon sens est de bien faire comprendre le fonctionnement du cercle. Car si le principe est simple, les vieux schémas ont la vie dure et certaines personnes retombent inconsciemment dans le triangle de Karpman. Si quelqu'un vient dans le cercle en victime en attendant d'être prise en charge, l'énergie du cercle en sera affectée car la victime focalisera l'attention sur ses problèmes et non sur sa capacité de guérison. De même, si quelqu'un arrive en s'imposant comme thérapeute du cercle, le schéma se transforme et ne respecte plus la proposition initiale car une personne prend le contrôle en se plaçant comme « sachant » et ne permet pas aux autres de trouver leur propre solution. Il est primordial que chacun échange régulièrement sur son vécu et son ressenti dans le cercle, y compris en dehors des réunions, le plus simple étant par email. Quelqu'un qui assiste au cercle sans rien dire non seulement signifie aux autres qu'elle ne s'implique pas mais également perturbe les autres intervenants qui hésitent alors à partager. Enfin, afin d'animer le cercle sur la durée, il est important de ne pas se contenter de parler de son histoire mais de proposer des exercices et des pratiques à tester ensemble.

Le cercle se comporte comme un être vivant, qui évolue, qui se transforme.

Le plus important est, une fois encore, de faire confiance à la vie. Les personnes qui rejoignent le cercle ont une résonance entre elles et chacune peut devenir un maître pour les autres. Ces résonances peuvent parfois amener des réactions imprévues ; les accueillir fait aussi partie de la vie du cercle.

Je suis dans le cercle de vie dont le thème est « Nettoyer les lignées familiales ». Nous nous réunissons une fois par mois et le cercle a déjà subi plusieurs évolutions avec des départs et des arrivées. Nous allons régulièrement sur des lieux qui nous parlent, qui véhiculent des énergies qui nous touchent. Nous échangeons aussi régulièrement par email sur des réflexions, des lectures, des vidéos. Nos histoires entrent souvent en résonance et nous apportent de belles compréhensions, ce qui a tissé un lien très fort entre nous, nous a transformées mais a aussi eu des effets sur nos enfants et nos compagnons. Une nuit juste après une réunion, je rêve que je tiens un sac empli de bestioles et une araignée en sort et monte le long de mon bras jusqu'à ma poitrine. Lorsque je me réveille le lendemain matin, je me rends compte qu'une énorme araignée est posée sur le plafond de ma chambre. Elle a un aspect tigré, plutôt inhabituel. Comme je fais part de mon aventure au cercle, nous prenons alors conscience que nous avons toutes vécu au même moment un épisode particulier avec une araignée ou plusieurs... Nous avons donc décidé de prendre l'araignée comme animal totem du cercle.

J'ai choisi de laisser ici la parole à plusieurs personnes ayant fait l'expérience des cercles.

Sophie Priolio « Un thérapeute ne pourra jamais faire le travail à notre place. Il est là pour nous donner des clés, des outils pour nous aider à avancer sur le chemin de la connaissance de soi. Dans les cercles, lors des pratiques et des échanges en confiance, le vécu des autres entre en résonance avec le nôtre et nous ouvre des portes. En ce sens, le cercle est thérapeute. Merci pour nous permettre de vivre cela. Et je sens mes ancêtres plus vivants que jamais, surtout ma maman que j'ai pu accompagner jusqu'à la fin et c'est une très belle expérience !...

Après la mort physique, ne reste que l'amour et honorer mes ancêtres me donne de l'énergie. »

Sylvie Touboul « Être à ma place, voilà le "chantier" que j'ai entrepris il y a plusieurs décennies, afin de répondre à l'image féminine que ma fille de 7 ans attendait de moi. J'avais le souhait d'améliorer mon existence et celles de mes enfants, mais aussi de ne pas leur transmettre le paquet familial qui ne nous appartient pas. De rencontres en lectures, je cherchais des personnes qui partageraient ce point de vue et avec qui, en échangeant sur les expériences de vie, j'avancerais sur le chemin de l'autonomie du bonheur. C'est à Lorient que j'ai eu la réponse en découvrant le livre de Nathalie « *Guérir par l'énergie* ». J'ai pu la rencontrer lors d'ateliers, où j'ai découvert son ouverture d'esprit, son pragmatisme et sa bienveillance. Nous avons vite trouvé des sujets de réflexions communes, ce qui nous a amené à nous revoir dans un petit groupe de personnes qui partagent leur expérience. L'envie d'avancer ensemble, en toute simplicité. Une création de Nathalie, le cercle de re-connaissance. Que du bonheur à développer et partager. »

Anne-Marie Apgrall « Si mes lignées m'étaient contées... ce serait en cercle !
Cercle de vies
    Cercle de découvertes
        Cercle d'autres lignées...
            Cercle de relations avec mes ancêtres,
                Avec les unes, les autres,
Connivences,
Partages joyeux, innovants, douloureux,
Impacts les unes sur les autres, surprenants, aimants...
Les histoires se parlent les unes aux autres. Elles nous interrogent, nous font réfléchir... pour elles, pour moi...

Recherches dans mes histoires, mes lignées...
Lien avec ce que je vis, ce que je découvre par ailleurs...
Et ça se rassemble, ça se recoupe, ça se regroupe intérieurement !
Mon histoire bouge, s'éclaire, s'épanouit vers de nouveaux chemins
Pour aller
    Vers moi, mon passé, mon futur,
En Présence
    Encore un peu plus.
Me découvrir différente, m'accepter avec plus de richesses
Avancer...
Dans ma vie
    Un peu plus loin
        Un peu plus en hauteur
            Un peu plus en profondeur
                Un peu plus en simplicité...
Et aussi,
De l'Amour
    De la Joie
        De la Fluidité
            De la Légèreté
            Du Plaisir de
            Vivre..

    .... Cercle, qui s'ouvre..........

    .... et qui ne s'arrête... !... !...... !........ »

Hélène Le Goff « Lorsque nous avons commencé à imaginer une formule à donner à ces cercles de lignées, je nous voyais en faire un jeu. Très clairement, l'idée était de s'amuser à aller à la découverte de ce qui se cache derrière ces mécanismes qui nous maintiennent parfois pour la vie entière dans des schémas, des douleurs, des frustrations. Ceci même si nous percevons que certains « paquets » ne nous appartiennent pas. Le livre de Nathalie décrit parfaitement les chemins de traverses que nous sommes prêts à emprunter pour nous éviter d'aller dans le cœur du problème. Ceci avec souvent la meilleure foi possible d'ailleurs.

Notre constat était celui d'un échec, en tous cas pour moi c'en était un. Avec plus ou moins bonne conscience j'avais pour une fois envie de traverser le voile qui me séparait de mes ancêtres, de comprendre ce qui chez eux avait une influence malencontreuse sur ma vie. Plus ou moins bonne conscience parce qu'il y avait sans doute un conflit de loyauté vis à vis d'eux. Je me retrouvais face à un désir puissant de me prendre en mains. Le plus beau est que je ne doutais pas d'y arriver, j'étais pleine de confiance. J'étais déterminée à y aller en entendant quand même une petite voix me dire « t'es vraiment sûre de ça ? ». Ben ouais. Je réalise au fur et à mesure que le lien se fait qu'ils n'attendent que ça : que les vivants se souviennent de ceux qui ont vécu avant eux et sans lesquels ils ne seraient pas là. La question de la petite voix n'était pas comme je le pensais due au manque de courage, elle était pleine de joie. La joie de mes aïeux. La joie de quelque chose de très profond qui scellait nos retrouvailles.

Ce n'est pas toujours facile pourtant lorsque les choses se révèlent, que les histoires prennent sens, ce sont nos vies qui se révèlent, nos histoires qui prennent sens.

Chaque membre du cercle des lignées a sa propre méthode, sa propre sensibilité, son rythme. Chacun y est accueilli, écouté, respecté. Nous avançons ensemble. Nous trouvons des échos éclairants chez l'un ou l'autre. Nous avons tissé des liens très forts parce que l'on dépose dans ce cercle les vérités parfois difficiles à exprimer. Nous faisons l'expérience d'un amour réel entre nous, aussi parce que nous apprenons à respecter nos ancêtres autant que ceux des compagnons du cercle, et que ce respect nous place dans une qualité d'échange qui les honore à leur tour. Cela devient une grande famille.

Notre société est pétrie de crainte à l'idée de mourir. De par mon expérience, retrouver mes ancêtres me donne une telle confiance en la vie qui ne s'arrête pas aux frontières du trépas que j'envisage ce départ vers l'autre rive comme une perspective de retrouvailles pleines de joie.

Je suis prête à parier que vous aussi vous sentez des choses en lien dans vos histoires personnelles avec celles de vos aïeux, il est temps de le leur dire. De leur dire que vous les entendez, de leur dire merci, de les honorer et de les connaître afin que vous compreniez qui vous êtes et pourquoi vous vivez ce que vous vivez. Vous pourrez leur dire que vous les aimez, que vous les reconnaissez. S'il y a une chose simple à faire, c'est bien celle-ci.

Cette expérience m'aura appris une chose fondamentale : changer la planète ça commence par se changer soi-même. Guérir de ses histoires ancestrales me semble être la voie royale pour ça. Il n'y a besoin que de vous. »

L'expérience vous tente ? N'hésitez pas à me contacter pour que je vous accompagne dans le lancement de votre premier cercle. Par la suite, ceux qui auront déjà participé à ce cercle pourront à leur tour en initier un nouveau. Le but est bien évidemment de propager les cercles dans toutes les directions.

Demain, tous énergiciens...

La matière de ce livre mûrit en moi depuis bien longtemps. Cependant, c'est mon indignation face aux abus qui m'a décidée à passer à l'acte et je suis contente d'avoir pu, une fois encore, transformer ma colère en une proposition que je souhaite constructive et respectueuse du chemin de chacun.

J'espère que vous trouverez dans cet ouvrage un fidèle compagnon de route. Mon objectif est que chacun prenne conscience de son énergie, apprenne à jouer avec afin de se construire une vie plus harmonieuse. Cette démarche se veut accessible à tous en nous ramenant à l'essentiel afin que nous investissions pleinement notre pouvoir de guérison.

Le mot Energicienne est une marque déposée. Pourquoi ? Pour que vous puissiez l'utiliser librement. Je souhaite que chacun se découvre et se reconnaisse comme énergicien et énergicienne, sans dogme, sans chapelle et sans commerce. La seule condition que je vous demande de respecter est d'en donner l'origine si vous communiquez avec ce mot. Mais si quelqu'un veut vous vendre un stage ou une formation avec ce terme, sachez qu'il n'en a pas le droit et n'hésitez pas à le lui signifier. Je vous offre ce mot comme expression de votre pouvoir, il ne peut en aucun cas être monnayé.

En lisant ce que j'ai écrit, vous avez aussi contacté mon énergie. Autour du lien qui s'est tissé, je serai heureuse de connaître vos voyages, vos témoignages, vos découvertes. N'hésitez pas à me faire part de la richesse de votre chemin, je suis curieuse de découvrir aussi vos expériences. Pour cela, vous pouvez me contacter sur mon site à www.energicienne.com. Je vous dis à très bientôt.

Postface

Ce livre s'est laissé écrire très simplement, de façon fluide et merveilleuse. Ce fut une très belle aventure où je me suis sentie soutenue par un entourage complice, inspirée par Thérèse qui aimait les petites gens et l'ordinaire, portée par le souffle de nos ancêtres qui ont tant subi l'enfermement des dogmes qu'ils souhaitent que leurs peurs ne se propagent plus.

Ce livre est comme un navire que j'ai renfloué. Il était là au fond de l'océan imaginal. Il m'a d'abord fallu le trouver, le pressentir et plonger le découvrir dans l'ombre des profondeurs pour le faire doucement remonter à la surface et le nettoyer de sa couche de boue.

Il est prêt à naviguer seul ; certains le regarderont passer, d'autres ne le verront même pas. Ami lecteur, si tu embarques joyeusement, même pour un court voyage, j'aurai réussi mon pari. Celui de la confiance dans notre capacité à créer notre vie, à retrouver notre pouvoir avec plaisir et légèreté car tout est déjà dans nos mains !

Pour aller plus loin...

PIERRE YVES BRISSIAUD « *LA FACE CACHÉE DE LA RÉSILIENCE* » JOUVENCE

MANTAK CHIA « *ENERGIE VITALE ET AUTOGUÉRISON* » J'AI LU

PEMA CHODRON « *ENTRER EN AMITIÉ AVEC SOI-MÊME* » POCKET

KARKFRIED GRAF DÜRCKHEIM « *HARA : CENTRE VITAL DE L'HOMME* » COURRIER DU LIVRE

DONNA EDEN, DAVID FEINSTEIN « *MÉDECINE ÉNERGÉTIQUE : EVEILLER LE GUÉRISSEUR EN VOUS* » ARIANE

NATHALIE JULIEN « *GUÉRIR PAR L'ÉNERGIE* » EYROLLES

NATHALIE JULIEN « *LE MASSAGE* » EYROLLES

MARIE KONDO « *LA MAGIE DU RANGEMENT* » POCKET

DOMINIQUE LOREAU « *L'ART DE L'ESSENTIEL* » J'AI LU

THICH NAHT HANH « *LA COLÈRE : TRANSFORMER SON ÉNERGIE EN SAGESSE* » POCKET

CHRISTELLE PETITCOLLIN « *VICTIME, BOURREAU OU SAUVEUR* » JOUVENCE

PIERRE RABHI « *VERS LA SOBRIÉTÉ HEUREUSE* » ACTES SUD

MIGUEL RUIZ « *LES QUATRE ACCORDS TOLTÈQUES* » JOUVENCE

LAO TSEU « *TAO TE KING* » PUF

YSEULT WELSCH « *MES PREMIÈRES HEURES SUR TERRE – NAÎTRE À L'ENCHANTEMENT* » MERCURE DAUPHINOIS